Theo Lehmann

Ich wollt', ich wär' ein Teppich

THEO LEHMANN

Ich wollt', ich wär' ein Teppich ...

REDEN FÜR JUNGE LEUTE

AUSSAAT · NEUKIRCHEN-VLUYN

ABCteam

ABCteam Bücher erscheinen in folgenden Verlagen:
Aussaat- und Schriftenmissions-Verlag Neukirchen-Vluyn
R. Brockhaus Verlag Wuppertal
Brunnen Verlag Gießen (und Brunnquell Verlag)
Christliches Verlagshaus Stuttgart (und Evangelischer Missionsverlag)
Christliche Verlagsanstalt Konstanz (und Friedrich Bahn Verlag/Sonnenweg-Verlag)
Oncken Verlag Wuppertal und Kassel

Titelgestaltung: Meussen/Künert, Essen
Foto der Umschlagrückseite: Stefan Metzler, Lage
Satz: Fotosatz-Service Weihrauch, Würzburg
Druck: Clausen & Bosse, Leck
Printed in Germany
ISBN 3-7615-3402-7

Inhalt

»Ich wollt', ich wär' ein Teppich . . .«

1. Korinther 9, Verse 24–27:

(24) Wisset ihr nicht, daß die, so in den Schranken laufen, die laufen alle, aber einer erlangt das Kleinod? Laufet nun also, daß ihr es ergreift! (25) Ein jeglicher aber, der da kämpft, enthält sich alles Dinges; jene also, daß sie eine vergängliche Krone empfangen, wir aber eine unvergängliche. (26) Ich laufe aber also, nicht als aufs Ungewisse, ich fechte also, nicht als der in die Luft streicht, (27) sondern ich betäube meinen Leib und zähme ihn, daß ich nicht den andern predige und selbst verwerflich werde.

Herr Kohl, der in Englisch etwas schwach ist, ist mit Herrn Reagan und Frau Thatcher bei der englischen Königin zum Tee eingeladen. Alle drei haben sich verspätet und müssen sich entschuldigen.
Frau Thatcher sagt: »I'm sorry.«
Herr Reagan sagt: »I'm sorry too.«
Herr Kohl sagt: »I'm sorry three.«
Ich verstehe vom Sport genausoviel wie Herr Kohl von der englischen Sprache, also so gut wie gar nichts. Ich weiß gerade noch, wo auf dem Radio Bayern III liegt, aber wo der FC Bayern »Leberknödel« in der Wertung liegt, entzieht sich meiner Kenntnis. Ich habe keine Ahnung, wer gerade Weltmeister im Weitspucken ist und wo die nächste Bezirksmeisterschaft im Eiertanzen stattfindet. Und wenn andere sich mit Eifer über sportliche Ereignisse unterhalten, bin ich immer auffallend bescheiden und schweigsam.
Aber eins ist mir aufgefallen: Es gibt Leute, die wissen ganz genau, wer wann wo warum wie hoch gegen wen verloren hat. Die verpassen keine Sportschau. Während der Olympiade kleben sie jeden Abend vorm Fernseher. Über Sport wissen die alles – nur eins wissen sie nicht: wie man Sport treibt.

Ich habe einen Kumpel, der ist ein Sportfan. Wenn der eine Heiratsannonce aufgeben würde, würde er reinschreiben: »Interesse für Sport.« Wenn du das liest, denkst du: »Das ist einer, der zweimal die Woche zum Training rennt und am Wochenende Fußball spielt.« Aber da irrst du dich.
Mein Kumpel sitzt wie ein fetter Buddha vor seinem Fernseher, vor sich hat er eine Wampe, neben sich 'ne Flasche Bier. Und so beurteilt er von seiner Sofaecke aus die sportlichen Torheiten anderer Leute mit treffsicheren Kommentaren.
Ein echter Jünger des heiligen Heinz-Florian, ein sportbegeisterter Fettsack, der von Lorbeeren träumt, dem aber nicht im Traum einfällt, selber Sport zu treiben.

Sofa-Christentum

Und sowas nennt sich einen Sport-Fan, so wie sich viele einen Christen nennen, denen aber nicht im Traum einfällt, als Christ zu leben. Es gibt ein unverbindliches Sofa-Christentum, das mit dem, was die Bibel unter dem Leben eines Christen versteht, nichts zu tun hat.
Und gerade auch unter jungen Christen beobachte ich, bis in unsere engsten kirchlichen Mitarbeiterkreise, eine wachsende Schlampigkeit, Schläfrigkeit, ein ausgesprochenes Schlaffie-Christentum nach dem Motto: »Ich wollte, ich wäre ein Teppich, dann könnte ich jeden Morgen liegenbleiben.«
Die sagen von ihrer Umwelt: »Wie es ist, ist es Mist.« Die sagen von sich selber: »Wir wissen nicht, was wir wollen, aber das mit ganzer Kraft.« Und alles andere ist denen, ob legal oder illegal, jedenfalls scheißegal.
Im Brief an Korinth, wo sie die Olympiade erfunden haben, befaßt sich der Apostel Paulus mit dem Schlaffie-Christentum. Er schreibt: »Ihr wißt doch, daß an einem Wettkampf viele Läufer teilnehmen, aber nur einer bekommt den Preis. Darum lauft so, daß ihr den Preis gewinnt! Jeder, der an einem Wettkampf teilnehmen will,

nimmt harte Einschränkungen auf sich. Er tut es für einen Siegeskranz, der verwelkt. Aber auf uns wartet ein Siegeskranz, der niemals verwelkt. Darum laufe ich wie einer, der ein Ziel hat.«

Auf in den Kampf!

Ich bezweifle, ob die heutige Olympiade noch viel mit Sport zu tun hat. Aber ich bezweifle nicht, daß wir von ihr viel für uns lernen können. Paulus nimmt sie als Gleichnis für unser Leben und sagt: »Unser Leben ist ein Kampf.«
Also, das hören wir schon mal gar nicht gerne. Wir schätzen mehr die milden Molltöne, zum Beispiel: »Unser Leben sei ein Fest.« Aber auf sowas wie Kampf sind wir nicht gerade scharf.
Liebe Freunde, zu einer ordentlichen Erziehung gehören nicht nur Streicheleinheiten, sondern auch mal ein Tritt in den Hintern. Den verpaßt uns heute der Paulus mit seiner These. Unser Leben ist ein Kampf.
Ich habe mich vorhin nicht entblödet zuzugeben, daß ich nichts von Sport verstehe. Aber ich kann mir jetzt nicht verkneifen zu bemerken, daß ich Sport mache. Ich mache jeden Morgen Jogging – früher nannten wir das »rennen«. Also ich renne jeden Morgen, und das mache ich auch, wenn ich unterwegs bin in fremden Städten.

So geht das nicht

Meistens bin ich ja mit dem Wolfgang unterwegs, das ist wirklich ein Sportler von Format. Er ist der 1782. Sieger des Guts-Muts-Laufes vom Rennsteig. Und manchmal, wenn er nicht gerade eine Erkältung vorschützt, läßt er sich herab, neben mir mit meinem Altmännertempo herzuhoppeln.
Also, wir suchen uns dann eine Rennstrecke. Einmal entdeckten wir in der Nähe unseres Quartiers ein Sportstadion und eine Lücke im Zaun um dasselbe. Wir also reingeschlüpft und unsere Runden gedreht. Ihr hättet mal hören sollen, wie der Platzwart getobt hat, weil wir uns bei

dem nicht gemeldet hatten. Wolfgang hat das dann geregelt: wir wären zwei Volkssportler und möchten trainieren.
Aber der Platzwart hatte natürlich recht: einfach daherkommen und im Stadion rumrennen, so geht das nicht. Und bei einem Wettkampf geht sowas gleich gar nicht. Also klar: Wer mitmachen will, muß sich melden.

Zum Mitmachen melden!

Hast du dich eigentlich schon mal bei Jesus gemeldet? Hast du ihm überhaupt schon gesagt, daß du bei ihm mitmachen willst?
Ein Christ bist du ja nicht dadurch, daß du in einem christlichen Elternhaus aufgewachsen bist. Ein Christ bist du auch nicht dadurch, daß du als Kind getauft wurdest. Ein Christ bist du erst, wenn du den Entschluß gefaßt hast: »Ich will bei Jesus mitmachen.«
Diesen Entschluß nennt die Bibel Bekehrung. Bei manchen liegt die Bekehrung vor der Taufe, bei manchen nach der Taufe. Bei manchen ist sie ein dramatisches Ereignis. Aber meistens ist das eine ganz unauffällige Sache, wenn ein Mensch sagt: »Jesus, von heute ab will ich dir nachfolgen.«
Ob die Bekehrung nun ein plötzliches Ereignis mit Pauken und Trompeten oder ein langer, stiller Prozeß ist – jeder Christ muß irgendwann in seinem Leben mal den bewußten Entschluß fassen: »Ja, Jesus, ich komme. Ich will dir gehören. Ich will dir gehorchen. Ich will dir nachfolgen. Und ich will auch das ewige Leben haben, das du mir versprochen hast.«
Wenn du diesen Entschluß noch nie bewußt in deinem Leben gefaßt hast, bist du kein Christ. Trotz Taufe und Konfirmation.
Kürzlich sind in unserer Kirche wieder einige konfirmiert worden und haben öffentlich und feierlich versprochen, bei Jesus mitzumachen. So wie die meisten von uns, die mal konfirmiert worden sind.

Erste Frage: War das wirklich ein ernstgemeinter, persönlicher Entschluß? Zweite Frage: Und was ist daraus geworden? Tausende sind inzwischen auf der Strecke geblieben. Und wir?
Sind wir wirklich alle auf der Rennstrecke? Sind wir wirklich Christen, die sich entschlossen haben? Wenn nicht, dann wird es höchste Zeit, daß du das nachholst. Am besten sofort. Dort, wo du jetzt sitzt, kannst du auf der Stelle Jesus anreden und dich bei ihm anmelden: »Jesus, ich will bei dir mitmachen.« Du brauchst kein Anmeldeformular auszufüllen. Du brauchst überhaupt keine Formalitäten über dich ergehen zu lassen. Du brauchst bloß Jesus anzureden. Das genügt.
Und wenn du dich nicht traust, ihn alleine anzureden, wenn du das noch nie gemacht hast, dann wollen wir dir gerne dabei helfen. Dann bleib nachher da, sprich einen von uns an, und wir helfen dir, mit Jesus in Kontakt zu kommen.

Aufschieben geht nicht

Ich bitte dich nur um eins: Schieb' deine Bekehrung nicht auf, sondern faß' diesen Entschluß heute. Du mußt wissen: Jeder Gedanke, diesen Entschluß aufzuschieben, kommt vom Teufel. Das ist der, der verhindern will, daß du am Ziel ankommst.
Das Ziel ist das ewige Leben, ein Leben, das dir voll genügt. Ein sinnerfülltes Leben mit ewiger Garantiezeit, das auch der Tod nicht zerstören kann.
Verstehst du, es geht hier nicht um eine lumpige Goldmedaille, sondern um die Einladung zu den goldenen Gassen Jerusalems, ins Vaterhaus, wo für dich eine Wohnung bereitsteht, ein Platz ewiger Geborgenheit.
Nun sagen viele: »Selbstverständlich möchte ich das ewige Leben haben. Aber damit hat es ja noch Zeit. Ich brauche das mit dem Christsein ja nun nicht gerade so übertrieben ernst zu nehmen. Erst will ich mal mein Leben ein bißchen genießen.«

Stell' dir mal einen Sportler vor, der sich entschließt, an der Olympiade in Los Angeles teilzunehmen. Und der sagt sich: »Also, jetzt haben wir 1980. Die Olympiade ist 1984. Da hat es also noch Zeit. Ich mach' erst mal richtig einen drauf. Und den Wanst, den ich mir jetzt anfresse, den renne ich mir nachher wieder runter.«
Wer so denkt, ist schon von vornherein aus dem Rennen. Denn in dem Augenblick, wo sich einer zur Teilnahme an der Olympiade entschließt, ist Schluß mit jeder Gammelei. Da geht sofort ein hartes, zielstrebiges Training los, das die gesamte Lebensweise des Sportlers verändert. Alles orientiert sich nur auf das eine Ziel: »Olympiade, Olympiade, nie mehr Vierfruchtmarmelade.«
In dem Augenblick, wo einer sagt: »Ich mach bei Jesus mit«, beginnt das Training. Von diesem Moment an wird sein ganzes Leben verändert. Alles ordnet sich nur noch diesem einen Ziel unter: das ewige Leben.
Genau das halten viele für übertrieben und sagen: »Das ist Fanatismus und außerdem praktisch gar nicht machbar. Ich habe schließlich noch meinen Beruf, die Schule, das Studium. Das nimmt meine Kräfte voll in Anspruch.«
Darauf antworte ich. Erstens: Es zwingt dich ja niemand, Christ zu sein. So wie auch niemand gezwungen wird, an der Olympiade teilzunehmen. Zweitens: Auch Olympiakämpfer haben einen Beruf. Das ist ja sogar Bedingung. Und die trainieren trotzdem. Das geht natürlich nur, weil die auf vieles andere verzichten.

Verzicht gehört dazu

Wer zusagt: »Ich mach mit«, muß automatisch andere Dinge absagen. Der muß entsagen, sich enthalten, verzichten. Verzichten ist das, was wir heute nicht mehr können.
Das Grundprinzip unseres modernen Lebens ist das Lustprinzip: »Ich mach nur das, wozu ich Lust habe. Was keinen Spaß macht – Null Bock.« Jeder versucht, das Brett an der dünnsten Stelle zu bohren, das größte Stück vom

Kuchen zu erwischen, nach dem Motto: »Wir wollen alles, und davon möglichst viel.« Jeder will möglichst schnell möglichst mühelos viel erreichen und möglichst auf nichts verzichten.
Daß z.B. die Sexualität etwas ist, das Verzicht erfordert, um zur Reife und Erfüllung zu kommen, sieht die von Professor Borrmann beratene Jugend nicht ein. Sondern heute gilt die These: »Sex macht Spaß, also wird's gemacht. Und was die Bibel dazu sagt, ist doch altmodischer Tinnef.«
Und auch viele Christen denken und handeln so, sehen die Sexualität nicht mehr als Aufgabe, sondern bloß als Lustgewinn und führen vor und außer der Ehe ein freies Sexleben. Als ob Jesus nie gesagt hätte, daß die Ehebrecher das ewige Leben nicht kriegen werden.
Jeder weiß, daß jeder Sportler, der sich zur Olympiade meldet, in bezug auf Sexualität, Rauchen, Trinken und Essen sich an ganz bestimmte Regeln halten und verzichten muß. Kein Sportler ist so blöde und sagt: »Gutes Essen und ein Glas Wein sind in jedem Falle schädlich.« Aber in dem Falle, wo es um die Goldmedaille geht, da sind sie eben schädlich.
Kein Christ sollte so blöd sein und behaupten, Sexualität, gutes Essen und ein Schnäpschen wären Sünde und grundsätzlich schädlich. Das ist Unsinn. Der Mensch soll sich ordentlich ernähren, ein Schnäpschen in Ehren ist auch nicht zu verwehren. Und für die Sexualität hat Gott extra einen Platz, nämlich die Ehe, eingerichtet.
Aber wenn du dich eben nicht an diese Regeln hältst, mit den falschen Partnern auf den falschen Plätzen zur falschen Zeit spielst, hemmungslos alles mitnimmst, dann bleibst du auf der Strecke und kommst nicht ans Ziel. Ohne Kampf, ohne Verzicht, ohne hartes Training erreichst du das ewige Leben nicht. Christsein ist nichts für Schlaffies. Christsein ist eine knallharte Sache. Das fordert Opfer, und genau davor schrecken viele zurück.

Jesus verlangt von uns totale Absage an die Sünde. Das griechische Wort für Sünde, hamartia, bedeutet: Zielverfehlung. Wir sündigen immer dann, wenn wir uns eigene Ziele stecken und eigene Wege gehen. Deshalb: Konsequente Ausrichtung auf das Ziel des ewigen Lebens, denn knapp vorbei ist auch daneben.
Über den Sieg bei der Olympiade entscheiden oft nicht nur Zentimeter und Sekunden, sondern Millimeter und hundertstel Sekunden. Es ist für das Leben der Menschheit absolut schnuppe, ob da einer um eine hundertstel Sekunde eher oder später durchs Ziel kommt. Das trägt zur Lösung unserer Weltprobleme keinen Fatz bei. Das bringt die Menschheit keinen Schritt weiter. Das bringt lediglich diesem einen eine Medaille, einen Haufen Geld, eine Villa, einen großen Ruhm. Schön und gut. Aber all das ist vergänglich. Um diese vergänglichen Dinge zu gewinnen, um diese hundertstel Sekunde zu schaffen, opfern die Sportler ihre Zeit, ihre Kraft, ihre Jugend, manche ihre Gesundheit, sogar ihr Leben.

Ohne Wollen läuft nichts

Man kann sich fragen, ob sich das lohnt. Ich finde es trotzdem gut, daß es auch in unserer Zeit noch solche enormen Verzichtleistungen und so eine Opferbereitschaft gibt. Es ist ein Beweis dafür, daß die Menschen, wenn sie nur wollen, zu gewaltigen Opfern bereit sind, auch wenn es sich um vergängliche Ziele handelt. Es beweist, was alles geht, wenn man nur will.
Und warum geht das so schlecht, wenn es um das unvergängliche Ziel des ewigen Lebens geht? Warum sagen wir dann immer: »Ich kann nicht, das ist mir zu schwer?« Es bleibt nur eine Antwort: weil wir nicht wollen. Weil wir uns nicht klar machen, um was es geht: um das ewige Leben. Dafür lohnt sich alles. Dafür verlangt Jesus alles.
Hier setzen nun die Bibelkenner an und sagen: »Ist das nicht ein Widerspruch? Der Paulus hat doch selber an anderer Stelle gesagt: »Ob einer das ewige Leben

kriegt, liegt nicht an seinem Wollen oder Laufen, sondern an Gottes Gnade.« Und hier sagt er nun: »Alles liegt am Laufen.« Was stimmt denn nun?
Es stimmt erstens: Das ewige Leben kriegst du nicht aus Verdienst, sondern aus Gnade. Und es stimmt zweitens (und darum geht's heute): Du kannst durch dein Handeln das ewige Leben zwar nicht gewinnen, aber du kannst es verlieren. Alle, die in der Kampfbahn laufen, kriegen die Lorbeeren. Aber eben nur die, die laufen. Wer nicht läuft, bei dem läuft nichts.
Jesus will aber, daß du nicht zu den Verlierern, sondern zu den Siegern der Geschichte zählst. Denn am Ende zählt nicht, wieviel Geld du gemacht hast, wieviel Medaillen du gekriegt hast, wieviel Prämien du verdient hast, sondern am Ende zählt nur eins: ob du Jesus die Treue gehalten hast.
Alexander der Große, der Welteroberer, hatte diese Angewohnheit. Immer, wenn er eine feindliche Stadt belagerte, steckte er vor den Toren der Stadt eine brennende Fackel in den Boden. Das bedeutete, daß dem Gnade gewährt und das Leben geschenkt wurde, der zu ihm lief, solange die Fackel brannte. War sie abgebrannt, lief nichts mehr. Wer bis dahin nicht gekommen war, den traf bei der Erstürmung der Stadt das Gericht.
Am Ende deines Lebens kommst du vor Gottes Gericht. Ob du Gewinner oder Verlierer, ewig gerettet oder ewig verloren bist, hängt von dir ab. Noch brennt die Fackel. Noch steht das Kreuz, das Zeichen der Rettung, das Gott draußen vor der Stadt Jerusalem auf unseren Erdboden gestellt hat. Noch bietet dir Gott Gnade und Leben an. Noch hast du Zeit zu kommen. Wie lange noch, das weißt du nicht. Was morgen ist, weißt du auch nicht. Aber du weißt jetzt, daß es für dich ewiges Leben gibt.

Die offene Tür

Offenbarung 3, Verse 7–13

(7) Und dem Engel der Gemeinde zu Philadelphia schreibe: Das sagt der Heilige, der Wahrhaftige, der da hat den Schlüssel Davids, der auftut, und niemand schließt zu, der zuschließt, und niemand tut auf: (8) Ich weiß deine Werke. Siehe, ich habe vor dir gegeben eine offene Tür, und niemand kann sie zuschließen; denn du hast eine kleine Kraft und hast mein Wort behalten und hast meinen Namen nicht verleugnet. (9) Siehe, ich werde geben aus des Satanas Schule, die da sagen, sie seien Juden, und sind's nicht, sondern lügen; siehe, ich will sie dazu bringen, daß sie kommen sollen und niederfallen zu deinen Füßen und erkennen, daß ich dich geliebt habe. (10) Dieweil du hast bewahrt das Wort meiner Geduld, will ich auch dich bewahren vor der Stunde der Versuchung, die kommen wird über den ganzen Weltkreis, zu versuchen, die da wohnen auf Erden. (11) Siehe, ich komme bald; halte, was du hast, daß niemand deine Krone nehme! (12) Wer überwindet, den will ich machen zum Pfeiler in dem Tempel meines Gottes, und er soll nicht mehr hinausgehen; und will auf ihn schreiben den Namen meines Gottes und den Namen des neuen Jerusalem, der Stadt meines Gottes, die vom Himmel herniederkommt von meinem Gott, und meinem Namen, den neuen. (13) Wer Ohren hat, der höre, was der Geist den Gemeinden sagt!

Der sowjetische Maler Ilja Glasunow hat ein riesiges Bild gemalt. Es heißt: »Mysterium des 20. Jahrhunderts.« Auf diesem Bild sind die Größen unserer Zeit dargestellt, deshalb ist es auch 18 Quadratmeter groß. Positive und negative Gestalten aus Politik, Wissenschaft und Kultur sieht man zwischen Blut, Stacheldraht und einem aufflammenden Atompilz. Weltuntergangsstimmung!

Eine dunkle Welt

Zum Beispiel steht da der ermordete amerikanische Präsident Kennedy neben seiner heimlichen Geliebten Marylin Monroe, die sich selber ermordet hat. Direkt davor stehen die Beatles, deren inzwischen ermordeter Wortführer John Lennon mal gesagt hat: »Die Beatles sind populärer als Jesus.« Dann sieht man den französischen Philosophen Jean Paul Sartre, dessen Glaubensbekenntnis lautete: »Der Mensch ist frei, in einer absurden Welt ohne Gott sich nach eigenen Gesetzen in heroischer Einsamkeit zu entwerfen.« Hinter Sartre steht wieder ein Selbstmörder, der Nobelpreisträger Ernest Hemingway, der nach seinen eigenen Worten nur so beten konnte: »Unser Nichts, das du bist im Nichts, geheiligt werde dein Nichts. Dein Nichts komme.«
Neben solchen Philosophen und Dichtern, die mit ihrem Nihilismus und Atheismus Millionen Menschen verführt haben, stehen Politiker, die Millionen Menschen in den Tod geführt haben wie zum Beispiel der Führer Adolf Hitler. Dessen Parteiminister Frank hat in seinem Schlußwort vor der Hinrichtung gesagt: »Wir haben am Anfang unseres Weges nicht geahnt, daß die Abwendung von Gott solche verderblichen, tödlichen Folgen haben könnte. Ich bitte unser Volk, daß es nicht weiterschreitet in dieser Richtung, auch nicht einen Schritt; denn Hitlers Weg war der vermessene Weg ohne Gott, der Weg der Abwendung von Christus, der Weg der politischen Torheit.«
Mitten in diesem Sammelsurium von Leitfiguren des 20. Jahrhunderts sieht man das naturwissenschaftliche Genie dieses Jahrhunderts, Albert Einstein. Einstein hat mal gesagt: »Es gibt nur eine Stelle in der Welt, wo es kein Dunkel gibt, das ist Jesus Christus.«
Zu diesem Jesus bekennt sich auch der sowjetische Maler in seinem Bild. Denn über dieser gespenstischen Ansammlung von Dunkelheit und Verbrechen leuchtet

eine strahlende Hoffnung: am Horizont kommt aus dem Himmel Christus in majestätischer Größe und Herrlichkeit. Dieses Bild drückt in Farben das aus, was der Prophet Jesaja in Worten ausgedrückt hat (Jes. 60, 2): »Finsternis bedeckt das Erdreich und Dunkel die Völker. Aber über dir geht auf der Herr, und seine Herrlichkeit erscheint über dir.« Niemand beschreibt die Situation unserer Welt so treffend wie die Bibel: »Finsternis bedeckt das Erdreich und Dunkel die Völker.«

Es wird immer dunkler in der Welt. Nichts nimmt so zu wie die Finsternis. Noch nie sah die Zukunft so finster aus. Noch nie ging es den Pessimisten so gut wie heute. Und wenn du dich an solchen Gestalten orientierst, wie sie Ilja Glasunow auf seinem Gemälde dargestellt hat, bleibt dir wirklich nichts anderes übrig als Pessimismus.

Die Schlüsselfigur

Es sei denn, du orientierst dich an der Gestalt, die auf dem Gemälde am Rande auftaucht, an Jesus.

Auf der Bühne der Weltgeschichte ist Jesus bisher weiter nichts als eine Randfigur.

Am Rande des damaligen Weltreiches wurde er in einem unbedeutenden Winkel geboren. Am Rande der menschlichen Gesellschaft, in Gesellschaft von Tieren im Kuhstall, stand die Krippe. Am Rande von Jerusalem stand das Kreuz, an dem er starb. Von seinem Leben und Sterben nahm die Weltpresse nicht einmal mit einer Randbemerkung Notiz. Was sich auf der Bühne der Weltgeschichte breit und in der Presse Schlagzeilen macht, sind die Breit- und Großmäuler, die mit ihren Worten und Taten die Menschen einlullen oder erschrecken, narkotisieren oder terrorisieren.

Und nun sagt die Bibel: »Jesus, den ihr für eine Randfigur haltet, ist die Schlüsselfigur der Weltgeschichte. Er hat den Schlüssel in der Hand.«

Im letzten Buch der Bibel, in der Offenbarung des Johannes, stehen die Sendschreiben des auferstandenen Christus an seine Gemeinde. Im Schreiben an die Gemeinde zu Philadelphia wird Jesus in Kapitel 3 Vers 7 bezeichnet als »der Wahrhaftige, der da hat den Schlüssel Davids, der auftut, und niemand schließt zu, der zuschließt, und niemand tut auf«.

Offene Türen

Manche der Großen dieser Welt denken ja, sie könnten beschließen, wo es eine Kirche geben darf und wo nicht. Einer der bissigsten Spötter über die Kirche und größten Sprecher des Atheismus, das Großmaul Voltaire, hat den Mund sehr voll genommen und prophezeit: 100 Jahre nach seinem Tod würde die Bibel nur noch in Museen und Raritätenkabinetten zu sehen sein. Die 100 Jahre sind längst um, aber die Bibel ist nicht im Museum, sondern nach wie vor ist die Bibel das am meisten gedruckte, am meisten übersetzte, am meisten gelesene Buch der Welt, nach wie vor der große Bestseller. (Übrigens ist ausgerechnet in dem Haus, in dem Voltaire in Genf gewohnt hat, später eine Bibelgesellschaft eingezogen – vom Keller bis zum Dach weiter nichts als Bibeln!)
Nun gibt es aber Leute, die die Bibel nicht bloß mit dem Munde, sondern mit Gewalt bekämpft haben. Beispielsweise war es noch bis vor kurzem in China verboten, eine Bibel zu besitzen. Da war überhaupt die Kirche und das Christsein verboten. Und jetzt, nachdem der Spuk in China vorbei ist, stellt sich heraus, daß dort mehr Christen sind als vor der Kulturrevolution. Die Schätzungen gehen zwischen sechs und 25 Millionen!
Jahrelang hat die ganze Welt gedacht: »In China ist die Tür zu. Für die christliche Mission führt da kein Weg rein.« Aber ob das Wort Gottes nach China reinkommt oder nicht, das bestimmt nicht die jeweilige chinesische Führung, sondern das bestimmt Jesus, »der auftut, und niemand schließt zu, der zuschließt, und niemand tut auf«.
China ist ja nur ein Beispiel für den Grundsatz: Wenn Je-

sus einmal eine Tür aufmacht und den Fuß drin hat, kriegt keiner die Tür wieder zu. Da tut sich was, auch wenn andere sonstwas dagegenstemmen. Und wo Jesus einmal den Laden dicht macht, kriegt keiner ihn auf. Da tut sich nichts mehr, auch wenn andere was ganz anderes beschließen. Die Pläne und Möglichkeiten Gottes mit der Menschheit sind größer als der Widerstand der Gegner.

Es gibt auch heute in der Welt Gebiete, die aus den verschiedensten Gründen den christlichen Missionaren verschlossen sind. Wir selber leben ja in einem Land, in dem es der Kirche nicht erlaubt ist, Missionare auszusenden. Wir werden uns als Kirche mit dieser Einschränkung niemals abfinden, aber wir wollen auch nicht vergessen, daß Jesus für uns trotzdem Missionsmöglichkeiten hat.

»Ich habe«, so sagt er in Vers 8, »ich habe vor dir gegeben eine offene Tür, und niemand kann sie zuschließen.« Das heißt:

1. Jesus gibt dir die Möglichkeit, deinen Glauben zu bezeugen.

Du lebst hier den ganzen Tag unter Atheisten. Du darfst nicht denken: »Bei dem und dem hat's gar keinen Zweck, was von Gott zu sagen, der bekehrt sich nie.« Das ist die Stimme des Teufels. Hör nicht darauf! Hör du auf die Stimme von Jesus, der hier sagt: »Wer Ohren hat zu hören, der höre: Ich habe vor dir gegeben eine offene Tür, und niemand kann sie zuschließen.«

Vor einigen Jahren spielten die »Church boys«, eine kirchliche Band, in einer Kirche. Nach der Veranstaltung sprach der Schlagzeuger der Band mit einem jungen Mann und fragte ihn, ob er Christ werden möchte. Der hat ihn aber total abfahren lassen, kein Bedürfnis nach Religion. Sozusagen die Tür vor der Nase zugeschlagen. Der Schlagzeuger gab ihm seine Telefonnummer: »Hier, wenn du willst, kannst du mich ja mal anrufen.« Der rief nicht an. Die Tür war zu. Jedenfalls sah es so aus. Ein Jahr später klingelt das Telefon. Der junge Mann meldet sich, er bekehrt sich, er wird später Techniker in der Band. Dieser junge Mann war der Christoph Ralle, der dieses Jahr gestorben ist und für dessen Familie wir heute sammeln.

Ihr seht an diesem Fall: es gibt für Jesus keinen aussichtslosen Fall. Und gerade im Blick auf Menschen, deren Bekehrung du für ausgeschlossen hältst, gibt dir Jesus das Versprechen: »Ich habe vor dir gegeben eine offene Tür, und niemand kann sie zuschließen.« Das heißt:

2. Jesus gibt dir die Möglichkeit, deinen Glauben zu festigen.

Ich treffe immer wieder Christen, die rummaulen, sie könnten in unserem Land nicht als Christen leben. Ich kann das Gegacker schon bald nicht mehr hören. Kein Mensch verbietet dir, täglich zehn Minuten eher aufzustehen oder irgendwann im Lauf deines Tages zehn Minuten in der Bibel zu lesen. Die Tür zu Gottes Wort steht dir immer offen.

Kein Mensch verbietet dir, aus deiner Bibel auswendig zu lernen. Kein Mensch verbietet dir zu beten, die Tür zum Herzen Gottes steht dir jederzeit offen.

Um zu beten und Bibel zu lesen, brauchst du nicht erst nach dem Westen abzuhauen, das kannst du auch hier. Und ich wünschte mir, die Christen in unserem Land würden mehr in der Bibel lesen, als nach dem Westen schielen, sie würden mehr beten, als über ihre Situation maulen.

Die Situation der Gemeinde in Philadelphia war auch nicht gerade rosig. Sie war gekennzeichnet durch Haß von den Heiden, Verleumdung von den Juden, Druck des totalen Staates von außen, Irrlehre von innen und durch die Verschlossenheit einer satten, von Macht, Geld und Arbeit ausgefüllten Welt.

Dazu kam noch, daß Philadelphia in einem Erdbebengebiet lag. Wenige Zeit, bevor der Brief an Philadelphia geschrieben wurde, im Jahre 17 nach Christus, war die Stadt Philadelphia durch ein Erdbeben zerstört worden. Die Menschen lebten in ständiger Angst vor einer neuen Katastrophe, und bei jedem Zittern der Erde rannten sie raus aus der Stadt ins Freie, um nicht von den einstürzenden Mauern erschlagen zu werden. Also, ein leichtes Leben hatte die Gemeinde von Philadelphia nicht gerade.

Aber, so bestätigt ihr Jesus hier in Vers 8: »Du hast mein Wort behalten.« Und das ist das einzige, worauf es in unserer verrückten Zeit ankommt: unverrückbar festhalten an Gottes Wort.

Ich habe immer wieder mit Jugendlichen zu tun, die vor lauter Problemen kaum noch aus den Augen gucken können. Da klappt es hinten und vorne nicht, da ist keine Freude im Leben, keine Kraft, der Versuchung zu widerstehen, keine Erkenntnis von Gottes Willen, sie wissen nicht, wie sie sich entscheiden sollen, und so weiter und so fort.

Da stelle ich regelmäßig die simple Frage: Betest du regelmäßig? Liest du regelmäßig in der Bibel? Hältst du regelmäßig Stille Zeit? Und kriege regelmäßig zur Antwort: Nein.

Unterernährte Christen

Na, da braucht man sich natürlich nicht zu wundern, wenn nichts läuft. Und ich sage dann jedesmal: »Mal angenommen, du gehst zum Arzt und erzählst dem, daß du an 50 Stellen deines Körpers Wehwehchen hast. Der horcht dich ab, der klopft dich ab – da hört der plötzlich deinen Magen knurren. Er stellt dir die simple Frage: ›Wann hast du das letzte Mal gegessen?‹

Wenn dann rauskommt, daß du vor drei Tagen die letzte Suppe gelöffelt hast, haut er dich in hohem Bogen raus und sagt dir: ›Mach dich nach Hause, iß ordentlich und

regelmäßig; dann hast du auch keine Wehwehchen mehr.‹«
Denn ein Körper, der nicht richtig ernährt wird, hat keine Abwehrkräfte gegen Krankheit und wird mickrig. Und das Glaubensleben vieler Christen ist deshalb mickrig, weil die sich geistlich nicht richtig ernähren.
Wenn du nicht regelmäßig Brot ißt, kippst du um. Darum hat Jesus von sich gesagt: »Ich bin das Brot des Lebens.«
Wenn du nicht regelmäßig das Wort Gottes, das Brot des Lebens, in dich aufnimmst, kippst du um. Alle vier Wochen hier ein Jugendgottesdienst nach dem Motto: »Theo, hilf mir in meiner Not und schmier mir ein Bananenbrot« – das ist zu wenig. Davon kannst du nicht leben. Dann haut dich jeder Zweifel um. Dann beeindruckt dich jedes Argument, ängstigt dich jede Drohung, dann hast du keine Kraft zum Vergeben, dann kannst du die Probleme, die das Leben dir stellt, nicht packen.
Also: Statt daß du stundenlang Gespräche mit einem Seelsorger über deine komplizierte Seele führst, fang lieber mal an, regelmäßig die Bibel zu lesen und zu beten. Die Möglichkeit steht dir offen, und du sollst mal sehen, was in deinem Leben losgeht, wenn du dich geistlich richtig ernährst.
Ich jedenfalls finde es einfach lächerlich, wie manche Christen jammern, daß sie angeblich in ihrem Christsein gehindert werden. Das einzige, was dich am Bibellesen, am Beten und am Besuch der Jungen Gemeinde hindert, ist niemand anders als deine eigene Faulheit.
Jesus sagt dir ausdrücklich: »Ich habe vor dir gegeben eine offene Tür, und niemand kann sie zuschließen.« Das heißt:

3. Jesus gibt dir die Möglichkeit, deinen Glauben zu praktizieren.

Auch dazu, so behaupten manche, gäbe es in unserem Land nicht genug Möglichkeiten. Sicher: Missionar in Tibet kannst du nicht werden. Aber du mußt ja nicht unbedingt auf den Himalaya steigen, um deinen Glauben zu praktizieren. Es würde schon genügen, wenn du die drei Treppen im Nachbarhaus hochsteigen würdest, um den alten Leuten dort die Kohlen hochzutragen. Mensch, mach' doch erst mal das, was vor der Tür liegt, bevor du von weltweiten Aktionen träumst!

Nicht reden, sondern tun

Ich war neulich mit einer Gruppe junger Christen zusammen. Die diskutierten wie wild über die Frage, was man gegen den Hunger in der Welt tun kann. Das war enorm, was die sich alles ausdachten: Appelle an die Regierung, große Aktionen. Die diskutierten in großen Dimensionen, und ich saß ganz still dabei. Dann fiel mir auf, daß der Pfarrer dieser Gruppe auch ganz still dabeisaß.
Und dann fiel ich fast vom Stengel, als der Pfarrer ganz trocken in das hochgestochene Gequassel reinsagte: »Ich möchte euch nur daran erinnern, daß die Päckchen, die ihr vor einem Vierteljahr für Indien gepackt habt, immer noch draußen in der Ecke liegen.« Da bin ich natürlich ausgeflippt:
Die Jungs entwickelten Strategien gegen den Hunger, waren aber zu faul, ihre eigenen Päckchen mit harten Erbsen, die sie selber nicht essen und den Hungernden in Indien andrehen wollten, wenigstens bis aufs Postamt zu schaffen.
Das sind Leute, die rumgackern, sie hätten nicht genug Möglichkeiten in unserem Lande, um sich als Christen zu engagieren. In unserem Land hat jeder die Möglichkeit, Christus zu dienen, und wenn's das Hucken von Kohleeimern ist!
Ich weiß natürlich, daß euch so ein Beispiel zu primitiv ist. Aber diesen Vorwurf nehme ich in Kauf, damit trefft ihr nicht mich, sondern Jesus. Jesus sagt: »Wer einem Durstigen ein Glas Wasser, einem Hungrigen ein Stück Brot gibt, einen Kranken besucht – der kommt in Gottes Reich.«

Das sind weiß Gott primitive Beispiele. Aber Jesus war nun mal so primitiv. Gott sei Dank! Denn was er gesagt hat, war für jeden verstehbar und machbar. Mach' du doch erst mal das, was konkret anliegt, was dir vor der Nase liegt, und wenn's die blöden Kohleeimer sind.
Ich weiß schon, daß euch dieses Beispiel zum Halse raushängt. Da könnt ihr euch vielleicht vorstellen, wie mir das zum Halse raushängt, alle Jahre wieder im Winter damit anzukommen. Aber ich kann's doch nicht ändern, wenn ihr's nicht ändert. Ich weiß nur, daß es alte Leute gibt, die im kalten Zimmer frieren, weil keiner Kohlen holt und heizt. Ich weiß nur, daß es alte Leute gibt, die im Sterben liegen, die jemand brauchen, der sie wäscht, pflegt, versorgt und ihnen hilft.
Möglichkeiten, deinen Glauben zu praktizieren, gibt's genug. Kein Mensch hindert dich daran, das Gute zu tun. Erich Kästner sagt: »Es gibt nichts Gutes, außer man tut es.« Das einzige, das dich am praktischen Handeln hindert, ist deine eigene Faulheit. Aber die kannst du auch überwinden. »Ich habe vor dir gegeben eine offene Tür, und niemand kann sie zuschließen«, sagt Jesus. Das heißt:

4. Jesus gibt dir die Möglichkeit, deinen Glauben zu erproben.

Es mag sein, daß dich die Menschen aus ihrer Gemeinschaft ausschließen. Gemeinschaft mit Gott kannst du immer haben. Vielleicht wirst du abgeschossen und fliegst vor die Tür. Die Tür zu Gott bleibt dir immer offen. Vielleicht schließt sich eines Tages hinter dir die Tür einer Gefängniszelle. Die Tür zu Gott bleibt dir immer offen. Darauf kannst du dich verlassen. Aus allen Gefängniszellen, Folterkammern, Höllen der Verzweiflung und Schuld hört Gott die Rufe seiner Kinder und sieht ihre Tränen. Und nichts und niemand kann verhindern, daß du mit Jesus in Kontakt bist und von ihm Hilfe empfängst. Darauf kannst du dich verlassen.

Man hat Christen schon die Hände abgehackt, aber sie konnten ja auch ohne Hände beten. Man hat ihnen die Zunge abgeschnitten, aber sie konnten ja auch ohne Zunge beten. Man hat sie abgeschlachtet, aber sie konnten sterben in dem Wissen, daß der Tod für sie die Tür ist, durch die sie direkt in Gottes Reich eintreten. Die Tür zu Gott ist auch für dich offen, und nicht einmal der Tod kann sie schließen. Dein Leben steht unter der Verheißung einer offenen Tür. Und jetzt kommt etwas ganz Eigenartiges. Jesus sagt nämlich nicht: »Niemand kann sie zuschließen, denn du hast eine große Kraft«, sondern er sagt: »denn du hast eine kleine Kraft.«

Das heißt: Gerade wenn du denkst: »Ich kann sowieso nichts machen, ich bin viel zu unbedeutend, zu klein, zu einflußlos, zu schwach, zu kraftlos« – gerade dann gilt dir die Verheißung: »Ich habe vor dir gegeben eine offene Tür. Niemand kann sie zuschließen, denn du hast eine kleine Kraft und hast mein Wort behalten und hast meinen Namen nicht verleugnet. Weil du bewahrt hast das Wort von meiner Geduld, will ich auch dich bewahren ...«

Gerade heute stehen wir in der Gefahr zu sagen: »Die Welt ist groß, und ich bin klein, und gegen den Raketenwahnsinn kann ich sowieso nichts machen.« Sicher: Du kannst niemanden davon abhalten, zu deinem Schutz eine Atomrakete zu stationieren, und ich auch nicht. Wir werden von denen, die diese Raketen aufstellen, ja nicht mal pro forma gefragt.

Aber die Frage ist, ob du machst, was Gott will. Und Gott, der dich auf dieser Welt stationiert hat, wird dich fragen, ob du ihm treu gewesen bist und seinen Namen nicht verleugnet hast. Die Versuchung, Gott zu verleugnen, ist groß. Viele Christen vertrauen nicht mehr darauf, daß der Weltfriede von Gott abhängig ist, sondern ihr Glaubensbekenntnis heißt: »Ehre sei den Raketen in der Höhe und Friede auf Erden.« Jesus spricht hier in Vers 10 von der »Stunde der Versuchung, die kommen wird über den ganzen Weltkreis, zu versuchen, die da wohnen auf Erden.« Die Stunde der Versuchung ist da. Jesus will dich vor der Versuchung bewahren, wenn du sein Wort hältst. Er sagt: »Siehe, ich komme bald. Halte, was du hast.«

Frohe Lippe riskiert

Liebe Freunde,
neulich besuchte mich ein Pfarrer aus dem Westen. Gleich am ersten Tag führte ich den – na, wohin führt man denn als guter Bürger von Karl-Marx-Stadt als erstes seine Westgäste? Natürlich in die Karl-Marx-Allee, das ist doch klar.
Nicht, weil dort der Intershop ist, wo man Waren aus kapitalistischen Ländern kaufen kann, wenn man das entsprechende Kapital hat, sondern weil dort das Monument des Mannes steht, der das berühmte Werk »Das Kapital« geschrieben hat. Als ich meinem Westpfarrer das Monument zeigte, sagte der zu mir: »Und wenn Du mal zu mir nach Bad Kreuznach kommst, zeige ich Dir in unserem Kirchenbuch die Eintragung, daß Karl Marx bei uns in der Pauluskirche kirchlich getraut worden ist.«
Ich finde es besonders neckisch, daß das in der Pauluskirche war, denn der Apostel Paulus war ein Vorläufer von Karl Marx, er war der erste, der mit dem Kapital in Europa zusammenstieß. Das Kapital war schon immer der oberste Gott Europas, und Paulus war der erste, der die Botschaft vom wahren Gott nach Europa gebracht hat. Und weil das Christentum keine kapitalistische Ausbeuterreligion, sondern eine Sklavenreligion ist, eine Botschaft von der Freiheit für alle Unterdrückten, mußte es natürlich zum Krach kommen. Und das kam so (Ihr könnt es nachlesen in der Apostelgeschichte Kapitel 16): Da lebte in Philippi eine Wahrsagerin, also eine von den Ty-

pen, die für gutes Geld gute Worte geben, die über die Zukunft, untreu gewordene Ehemänner und ähnliche unsichere Dinge Auskunft erteilen.
Sowas bringt natürlich Mäuse. Aber den Profit hatte nicht etwa die Frau selber, sondern ihre Besitzer. Sie selber war eine Sklavin, und die Leute, denen sie gehörte, beuteten sie aus. Ausbeutung, Knechtung, Skrupellosigkeit im Geldverdienen – das sind die Kennzeichen des Gottes Mammon, des Kapitals. Das ist der Gott Europas in Reinkultur. Und dieser Gott wird, wenn er dem wahren Gott begegnet, im wahrsten Sinne des Wortes verrückt.
Jedesmal, wenn der Paulus mit seinem Freund Silas auf der Straße auftauchte, schrie denen die Wahrsagerin wie verrückt hinterher, bis es dem Paulus eines Tages zu bunt wird. Ihm tut dieses von einem dämonischen Geist besessene Mädchen leid, und als die ihm wieder mal hinterherkreischt, dreht er sich um und sagt zu dem Dämon: »Ich gebiete dir im Namen von Jesus Christus, daß du von ihr ausfährst.«
Von diesem Moment an war Ruhe. Das Mädchen war geheilt. Jetzt war es natürlich mit der Wahrsagerei vorbei, also war es auch mit dem schönen Profit vorbei, und damit hat Jesus an die empfindlichste Stelle Europas gerührt – an den Kassenschrank.
Es kommt sofort zum Skandal. Die Besitzer der Sklavin fallen über Paulus und Silas her, schleppen sie auf den Marktplatz vor irgendwelche »Oberen« und erheben Anklage wegen Aufruhr. Eigentlich, wenn's nach der Wahrheit ginge, hätte die Anklage auf Gewinnschädigung lauten müssen. Aber im Kampf gegen die Christen werden nur selten die wahren Gründe angegeben, sondern man kommt mit ganz anderen Argumenten.

Störung kapitalistischer Machenschaften

In unserem Falle wird die Methode benutzt, die die billigste ist, aber immer wirkt: Man behauptet einfach, die bei-

den Apostel würden die öffentliche Ruhe und Ordnung stören und unerlaubte Sitten propagieren. Und es gibt ja nichts, was dem braven Bürger verhaßter wäre als neue Sitten, als das Neue, Lebendige, das Leben in die Bude bringt.
Übrigens denkt der Teufel in diesem Punkt genauso. Der Teufel ärgert sich über jede Erneuerung in der Kirche. Dem ist es am liebsten, wenn alles beim alten bleibt.
Zum Beispiel ist es kürzlich einem Reporter gelungen, den Teufel zu interviewen. Folgende Frage: »Herr Teufel, welche Lieder und Melodien sind Ihnen in der Kirche am liebsten?« Antwort: »Die alte Leier.«
Aber zurück zu unserer Geschichte. Wir waren gerade an der Stelle, wo die beiden Apostel als Ruhestörer der althergebrachten Ordnung angeklagt wurden, obwohl es in Wirklichkeit um die Störung kapitalistischer Machenschaften ging. Und in Wirklichkeit hatten die weiter gar nichts gemacht, als die Sklavin, die ihnen hinterherschrie, von ihrer Besessenheit zu heilen. Ein Schreihals weniger auf der Straße. Ein kaputtes Menschenleben mehr in Ordnung.
Damit haben die Apostel einen konstruktiven Beitrag zur menschlichen und öffentlichen Ordnung geleistet. Und genau das – ein kaputtes Menschenleben in Ordnung bringen, sowas nannten die dann »Aufruhr«.

Faule Argumente

Die anderen Argumente, die vorgebracht wurden, waren genauso faul. Zum Beispiel: »Diese Leute sind Juden.« Mit der Sache hat das ja überhaupt nichts zu tun; aber diese Methode ist ja bekannt: Das Gedicht »Die Loreley« ist von einem Juden, also ist es schlecht. Das Lied »We shall overcome« ist von Negern, also gehört es sich nicht für uns, es in der Kirche zu singen. Das Buch »Das Kapital« ist von einem Kommunisten, also brauchen wir es nicht zu lesen.
Mit solchen faulen Argumenten arbeiten die Leute, auch

gerade die frommen Leute, immer wieder. Je nachdem, wo man lebt, braucht man nur zu sagen:
»Dieser Mensch ist ein Kapitalist,
dieser Mensch ist ein Kommunist,
dieser Mensch ist ein Neger,
dieser Mensch ist ein Jude«, und so weiter – und damit steht schon von vornherein fest, daß er nicht recht hat. So einfach ist das.

Bei solchen subversiven Elementen braucht man nicht erst lange zu fackeln, kein umständliches Gerichtsverfahren durchführen, sondern sowas gehört gleich eingesperrt, zumal wenn man die Stimme des Volkes hinter sich hat.

Das Volk, so heißt es in Vers 22, war »erregt«. Natürlich, über solche sogenannten Unruhestifter ist das sogenannte Volk immer in sogenannter Erregung. Also werden Paulus und Silas ohne Gerichtsurteil gleich auf der Stelle zusammengeschlagen und ins Gefängnis gesteckt, in die Sonderzelle, die Füße extra in den Holzstock eingeschlossen. Und dann ist Ruhe. In Philippi ist die Ruhe und Ordnung mit dem Knüppel wieder hergestellt. Nun können die Stadtväter und Bürger wieder ruhig den Schlaf des Ungerechten schlafen. Und das tun sie denn auch. Damit wäre die ganze Geschichte erledigt, wenn in dieser Geschichte nicht Gott mitspielen würde. Deshalb geht sie weiter.

Putzmunter

Denn Gott schläft nicht. Auch Paulus und Silas schlafen nicht. Die beiden sind munter, sogar putzmunter. Die hau'n mächtig auf den Putz. Mitten im Knast um Mitternacht sitzen die beiden in ihrer Zelle und singen aus vollem Halse. So was soll ja vorkommen, wenn etwa irgendwelche Saufkumpane in Polizeigewahrsam genommen werden und dann nachts auf der Wache ihre Sauflieder grölen. Aber Paulus und Silas singen fromme Lieder, und das ist nun wirklich mal was Neues.

Ich weiß nicht, ob dieses nächtliche Duett besonders wohlklingend gewesen ist, ob die schön oder schlecht sangen, ob a capella, oder ob die in Ermangelung eines Waschbretts mit ihren Ketten den Takt dazu gerasselt haben.

Ich weiß nicht, ob dieser Gesang liturgisch astrein war. Ich weiß auch nicht, was die gesungen haben, ob aus dem Gesangbuch oder aus dem gelben Heft. Aber das ist ja alles überhaupt nicht wichtig. Wichtig ist nicht, ob einer ein altes oder ein neues Lied, eins aus dem 16. oder aus dem 20. Jahrhundert, eins aus dem Gesangbuch oder vom Liederzettel singt, sondern wichtig ist einzig und allein, daß er sein Lied aus dem Herzen singt. Und das haben die beiden gemacht, und zwar so laut, daß die übrigen Knastinsassen davon aufwachten. Die wunderten sich natürlich über die seltsamen Vögel, die da in ihrer Zelle ein frommes Mitternachtskonzert zwitscherten.

Wenn sonst Häftlinge eingeliefert werden, benehmen die sich meistens anders. Die fluchen oder jammern oder toben, manche beten vielleicht still. Aber daß welche Loblieder singen, das war eine echte Sensation.

Frohe Lippe riskiert

Die Apostel, obwohl hinter Schloß und Riegel und an den Füßen gefesselt, sind trotzdem frei. Sie sind so frei, auch im Knast eine frohe Lippe für Jesus zu riskieren, auch wenn vielleicht die Mithäftlinge ihre Witze reißen und sagen: »Der Gott, zu dem ihr da schallert, hat euch ganz schön sitzen lassen.« Aber Gott läßt keinen sitzen. Gott sitzt am Schalthebel der Weltgeschichte und der Geschichte unseres kleinen Lebens, und er bedient sich der Menschen und der Naturereignisse, um seine Pläne zu verwirklichen.

Erschütterung nötig

In unserem Fall bestand der Plan Gottes darin, den Direktor des Gefängnisses zu bekehren. Auf diesen Mann hat

es Gott abgesehen. Und weil manche Menschen erst einmal eine Erschütterung brauchen, um die wichtigste Frage des Lebens, die Frage nach Gott, zu stellen, schickt Gott ein Erdbeben, bei dem die Mauern des Gefängnisses einfallen und die an die Mauern geketteten Häftlinge frei werden.
So platzt Gott manchmal in unsere Wirklichkeit 'rein. Der Glaube spricht hier von einem Wunder, dem Unglauben fällt in so einem Falle nur der Kommentar ein, das Einfallen der Mauern sei eben Zufall gewesen.
Naja, darüber brauchen wir uns jetzt nicht zu streiten. Jedenfalls: die Mauern stürzen ein und der Herr Direktor aus dem Bett und anschließend aus allen Wolken. Man sieht ihn so richtig vor sich, wie er händeringend und mit schleifenden Hosenträgern durch die Gänge rennt.
Als er die Bescherung sieht, nimmt er sofort an, daß die Gefangenen die Mücke gemacht haben. Also greift er zum Schwert und will sich selber umbringen, wahrscheinlich aus Angst, daß die Stadtväter ihn bestrafen, oder aus einem falschen Beamten-Ehrgefühl heraus.
Als ich diese Geschichte mal im Kindergottesdienst erzählt habe, habe ich an dieser Stelle gefragt: »Was würdet ihr machen, wenn ihr seht, daß der Gefängniswärter sich töten will?« Da sagte einer: »Da dädch bloß feixen.«

Paulus feixt nicht

Aber der Paulus feixt nicht. Denn weil Christen weder gehässig noch rachsüchtig sind, sondern ihre Feinde lieben und immer darauf bedacht sind zu retten, ruft er: »Tu dir nichts Übles an, denn wir sind alle hier!« Sowas ist dem Herrn Direktor noch nicht passiert. Er kann nicht begreifen, daß es Menschen gibt, die keine Angst haben, keine Rache kennen, nicht feige abhauen. Er sieht nur: die haben etwas, was er nicht hat. Die haben einen Frieden, eine Freiheit, eine Gelassenheit, eine Geborgenheit, und er wünscht sich: »So wie die möchte ich auch sein.«
Die beiden haben ihm noch kein einziges Wort von Jesus

gesagt. Aber die haben ihm durch ihr Verhalten eine so anschauliche Predigt gehalten, daß er Lust kriegt, ein Christ zu werden.
Bist du für andere Menschen auch so ein gutes Vorbild eines lebendigen Christen? Weißt du überhaupt, daß von deinem Verhalten Rettung oder Verlorengehen von Menschenseelen abhängt? Lebst du entsprechend? Paulus und Silas haben anderen Leuten eben nicht nur fromme Jesuslieder vorgelebt. Und das hat den Gefängnisdirektor überzeugt, daß an ihrem Jesusglauben was dran ist.
Und deshalb fällt, noch vor Schreck zitternd, der mächtige Herr Direktor den ohnmächtigen Häftlingen vor die Füße und fragt: »Liebe Herren« (nicht mehr: »ihr Judenschweine«), »Liebe Herren, was soll ich tun, damit ich gerettet werde?«

So leicht ist das?

Das ist die wichtigste Frage des Lebens: »Wie kann ich gerettet werden? Hast du diese Frage schon einmal gestellt? Du lebst auf dieser Erde, um diese Frage zu stellen, und Jesus hat auf dieser Erde gelebt, um diese Frage zu beantworten.
Die Antwort heißt: »Glaube an den Herrn Jesus, dann wirst du gerettet« (Apostelgeschichte 16, 31). Die Antwort, mein Freund, ist Jesus nur allein. So einfach ist das.
Manche finden das zu einfach. Die sagen: »Was? Glaube – und weiter nichts? Nur einfach glauben, und dann ist schon alles o.k. – da machen sich's die Frommen aber leicht.« Ja wirklich, so leicht ist das! Aber bloß deshalb, weil Jesus dich gerettet hat. Und für den war das nicht leicht, sondern unsagbar schwer. So schwer, daß er am Kreuz verblutet ist, als er für deine Sünden das Opfer seines Lebens brachte.
Aber er hat es vollbracht! Da fehlt nichts mehr, nur noch eins: daß du es annimmst, daß du dieses Opfer für dich in Anspruch nimmst.

Deswegen ist die Frage: »Was soll ich tun, damit ich gerettet werde?« eigentlich falsch gestellt. Du kannst zu deiner Rettung nichts tun, und du brauchst nichts zu tun. Du brauchst nur zu glauben, daß Jesus alles für dich getan hat. Glaube an den Herrn Jesus, dann wirst du gerettet. So einfach ist das.
Was das im Einzelnen bedeutet, muß natürlich erklärt werden, und Paulus erklärt es dem Mann ja auch hinterher. Aber die grundsätzliche Antwort auf die wichtigste Frage des Lebens, überhaupt auf alle Fragen, heißt ganz einfach: Glaube an Jesus. Egal, mit welchem Problem und welcher ungelösten Frage du heute hierher gekommen bist, egal, was dich morgen erwartet und vor was und vor wem du dich fürchtest: Glaube an Jesus, dann wirst du gerettet.
Und dann fängt für dich ein neues Leben an. So war es jedenfalls bei dem Gefängnisdirektor. Eben noch ein vor Angst schlotternder Selbstmordkandidat, ist er jetzt völlig verwandelt. Eben noch hat er die beiden Apostel mit Fußtritten traktiert und ihnen erbarmungslos die Ketten angeschraubt, jetzt beschafft er Wasser, mit dem er ihre Wunden wäscht und sich seine Sünden abwaschen läßt. Er läßt sich taufen, und dann läßt er die beiden in seine Wohnung ein, ißt mit ihnen und freut sich wie ein Schneekönig, daß er Christ geworden ist.
Er ist noch derselbe Mann wie vorher. Aber er hat nicht mehr dasselbe Herz. Bisher hatte er ein steinhartes, eiskaltes Herz. Jetzt hat er ein neues, voll Freude und Liebe.

Beweis für eine echte Bekehrung

Bisher war er ein sturer Strafvollzugsbeamter, der ängstlich vor seinen Vorgesetzten katzbuckelte und erbarmungslos auf seine Häftlinge eindrosch.
Jetzt ist er ein freier Mensch, und die erste Handlung nach seiner Bekehrung ist eine Tat der Menschlichkeit: er gibt den beiden hungrigen Häftlingen zu essen.
Diese kleine Nebenbemerkung am Schluß unserer Ge-

schichte ist für mich der deutlichste Beweis, daß die Bekehrung dieses Mannes echt war. Es laufen in Karl-Marx-Stadt und Umgebung eine Menge junger Leute herum, die fleißig ausposaunen: »Ich bin bekehrt, ich habe den Heiligen Geist empfangen.« Aber wenn man mal jemanden braucht, der was Praktisches tut, da kann man lange suchen.

Ich will euch mal was sagen: Ihr könnt noch so eifrig von eurer Bekehrung Zeugnis geben, ihr könnt noch so fließend in Zungen reden – wenn ihr nicht dem, der in Not ist, helft, dann habt ihr den Heiligen Geist nicht. Wenn ihr nicht der alten Frau, die friert, die Kohlen raufhuckt, wenn ihr nicht dem Mann, dem die Frau gestorben ist, das Haus in Ordnung macht, wenn ihr nicht für eure Mutter, die so wenig Zeit hat, die Treppe kehrt, dann seid ihr nicht bekehrt. Ich bin der letzte, der was gegen Zeugnis und Zungenreden hat. Aber ich hab' was gegen die Typen, die ihre Augen zum Himmel verdrehen und sich vor den praktischen Problemen auf dieser Erde verdrücken.

Verstehst du: der Beweis für die Echtheit deiner Bekehrung sind nicht deine Reden, auch nicht deine Zungenreden, sondern deine Taten. Die Apostel haben den Boß vom Knast durch ihr Verhalten bekehrt, und der hat durch sein Verhalten bewiesen, daß er wirklich bekehrt war. Sein Leben wurde anders. Und auch dein Leben kann anders werden, wenn du Jesus wirklich als den Herrn deines Lebens annimmst.

So, das war's für heute.

Der Retter und der Mörder

Matthäus 26 und 27 in Auswahl

Zwei Männer sind Gefangene der römischen Besatzungsmacht. Beiden wird das gleiche vorgeworfen: staatsfeindliche Haltung, Subversion, Systemkritik.
Der eine heißt Barrabas. Er ist Mitglied einer Untergrundbewegung, die den Umsturz der bestehenden Gesellschaftsordnung, also den Sturz der römischen Besatzungsmacht, zum Ziel hat. Um dieses Ziel zu erreichen, ist jedes Mittel recht, auch der Mord. Barrabas hat einen politischen Mord begangen. Er steht auf der Seite der Staatsfeinde, er steht auf der Seite der Gewalt, er ist ein Terrorist. Er ist bereits verurteilt und wartet auf seine Hinrichtung.
Der andere Gefangene ist Jesus. Er wird gerade verhört, aber es klappt nicht so richtig, ihm eine Schuld nachzuweisen, weil er nämlich keine hat. Er hat nie eine strafbare Handlung begangen. Er hat nicht gemordet, nicht gestohlen, nicht gelogen, nicht gehurt, nicht gehetzt, nichts. Da ist es natürlich schwierig, eine stichfeste Anklage hinzukriegen.

Die neidischen Bonzen

Der eigentliche Grund, warum sie ihn verhaftet hatten, war der Neid. So steht es ausdrücklich in Matthäus 27,18: »Denn Pilatus wußte wohl, daß sie ihn aus Neid überantwortet hatten.« Die Bonzen des jüdischen Staatsapparates konnten es nicht vertragen, daß Jesus bei der Bevölkerung beliebter war als sie. Wenn die Bonzen auf der Straße erschienen, schrie niemand Hurra. Aber als vor ein paar Tagen Jesus, ein hergelaufener Wanderprediger aus der Provinz, mit seinen zwölf Kumpels in Jerusalem einzog, da haben die Massen Spalier gestanden, da haben sie vor Begeisterung getobt, da haben sie ihn gefeiert wie den King.

Das ging den Herren vom Hohen Rat an die Nieren. Sie waren ganz einfach eifersüchtig. Und da haben sie ihn verhaftet. Aus Neid. Das konnten sie natürlich nicht offiziell als Grund angeben. Da mußten sie einen Vorwand finden. Und sowas läßt sich ja immer finden.
Wenn die Bonzen zum Beispiel wollten, daß die Leute bei ihrem Erscheinen auf der Straße jubelten, mußten sie eben Jubler bestellen und bezahlen. Und wenn sie wollten, daß falsche Zeugen vor Gericht aussagten, mußten sie eben Lügner bestellen und bezahlen.
Diese Leute wurden schnell gefunden. Matthäus 26, 60: »Es traten viele falsche Zeugen auf.« Aber die waren in der Kürze der Zeit offenbar nicht genügend instruiert worden, was sie sagen sollten. Die widersprachen sich. Der eine erzählte das, der andere das. Das haute einfach nicht hin, es wurde immer peinlicher.
Zum Schluß traten zwei Herren auf, die legten Jesus das gleiche Verbrechen zur Last, für das schon der Barrabas verurteilt worden war, nämlich geplanter Umsturz. Und zwar Umsturz im wahrsten Sinne des Wortes: Jesus soll gesagt haben, er würde den Tempel Gottes abbrechen und ihn in drei Tagen wieder aufbauen.

Der schweigende Jesus

Wie immer in solchen Fällen ist an der Sache etwas Wahres dran, aber eben nur etwas, es ist nur die halbe Wahrheit, verdreht und mißverstanden. Und genau das ist ja das Raffinierte an dieser Methode: Man kann sich formal auf eine Äußerung berufen, die aber ganz anders gemeint war.
In diesem Falle hatte Jesus tatsächlich diese Äußerung getan. Das war korrekt mitgeschrieben, aber falsch verstanden worden. Jesus hatte mit dem Tempel Gottes nicht den Tempel in Jerusalem, das Nationalheiligtum, gemeint, sondern seinen Körper, der zwar getötet, aber nach drei Tagen auferstehen würde.
Doch so einen hintergründigen Hinweis auf Tod und Auf-

erstehung konnten die Spitzel, die die Predigten von Jesus mitschrieben, natürlich nicht kapieren. Dazu reichte ihre Schulbildung nicht. Wenn die was von Tempel hörten, fiel denen bloß das Haus aus Stein ein, zu weiteren Gedankengängen waren sie nicht fähig. Und auf diese Weise wurde Jesus unterstellt, er hätte einen Terroristenanschlag auf den Tempel geplant, um ihn kaputtzumachen.
Natürlich hätte Jesus dieses Mißverständnis ohne weiteres aufklären können. Aber es gibt Vorwürfe, die sind so blöde, daß es sich nicht lohnt, darauf einzugehen. Jesus hört sich die Parade der falschen Zeugen schweigend an, ohne auch nur ein Wort zu erwidern.
Sein Schweigen zu den Lügen spricht deutlicher als eine Verteidigungsrede.

Der nervöse Hohepriester

Daß sich der angeklagte Jesus nicht aus der Ruhe bringen läßt, bringt den Hohepriester, der die Verhandlung führt, ganz aus der Ruhe, bis er aus der Rolle fällt. Der Mann kann vor lauter Nervosität nicht mehr stille sitzen, springt von seinem Richterstuhl auf und geht Jesus an: »Antwortest du nichts gegen diese Anklagen?«
Aber Jesus schwieg. Und der Hohepriester sprach zu ihm: »Ich beschwöre dich bei dem lebendigen Gott, daß du uns sagst, ob du der Christus bist, der Sohn Gottes« (Matth. 26, 63).
Jetzt ist's raus. Jetzt hat er sich verplappert.
Jetzt hat er die Katze aus dem Sack gelassen.
Jetzt geht's nicht mehr um solchen Unsinn wie Tempel kaputtmachen. Jetzt sind wir beim eigentlichen Thema. Jetzt hat er endlich die entscheidende Frage ausgesprochen, um die sich alles dreht – dieser Prozeß, die ganze Weltgeschichte, auch die Geschichte deines Lebens, nämlich die Frage: »Ist das wahr, Jesus, daß du der Sohn Gottes bist?« Zu den erfundenen Vorwürfen der falschen Zeugen hat Jesus geschwiegen. Aber zu dieser Frage,

die mein Schicksal, die dein Schicksal, das Schicksal der Welt entscheidet, schweigt er nicht. Jesus antwortet: »Ja.«

Die irrenden Theologen

Jeder, der danach fragt, ob Jesus der Sohn Gottes ist, findet in der Bibel an vielen Stellen ein eindeutiges Ja. Das können auch die modernen Theologen, die Jesus nicht als Sohn Gottes anerkennen, nicht leugnen. Die Frage ist nur, wie sie dieses Ja interpretieren. Die Theologen, die Jesus damals verhörten, konnten nicht leugnen, daß Jesus sich als der Sohn Gottes bekannte. Aber sie haben dieses Bekenntnis interpretiert als Gotteslästerung: »Da zerriß der Hohepriester seine Kleider und sprach: ›Das ist eine Gotteslästerung! Wir brauchen keine Zeugen mehr. Ihr habt es selber gehört. Wie lautet euer Urteil?‹ ›Er hat den Tod verdient‹, riefen sie.« Man merkt so richtig die Erleichterung des hohen Gerichtshofes. Endlich eine Aussage, aus der man was machen kann, mit der man dem Mann den Strick drehen kann. Und das Urteil ist ja auch auf der Stelle fertig: »Todesstrafe.«

Der verwirrte Gouverneur

Nun waren aber die Juden kein souveräner Staat, sondern von den Römern besetzt. Und zur Vollstreckung der Todesstrafe waren die Juden nicht berechtigt. Dieses Recht hatte nur die römische Besatzungsmacht. Darum mußte der römische Gouverneur eingeschaltet werden. Also wird Jesus, nachdem sie ihn erst mal angespuckt, mit Fäusten ins Gesicht geschlagen, sich über ihn lustig gemacht und ihn gefesselt haben, an den Gouverneur Pilatus überstellt. Der kann aber mit Jesus nicht viel anfangen. Denn zu den Anklagen der Juden sagt er nichts, und was er sonst sagt, begreift Pilatus nicht. Das einzige, was er mitkriegt, ist, daß die Juden ihn aus Neid verhaftet haben. Ansonsten blickt er überhaupt nicht durch, was hier gespielt wird. Er merkt nur, daß an der Sache irgendwas faul ist.

Eine Weile sucht er zu vermitteln. Mal rennt er vor's Haus und verhandelt mit den Juden. Dann rennt er wieder rein und redet mit Jesus. Und dabei wird ihm immer klarer: der Mann ist absolut unschuldig. Der hat vielleicht eine religiöse Macke, weil er sich als »König der Wahrheit« ausgibt. Das ist natürlich irre, aber kein Grund zur Todesstrafe. Pilatus ist ein Machtmensch. Wenn's darauf ankommt, geht der über Leichen. Aber in diesem Falle sieht er nicht ein, warum er der Todesstrafe zustimmen soll. Er beschließt, Jesus zu retten, und er hat auch einen rettenden Einfall. Ihm fällt ein, daß es eine Gewohnheit gibt, zu Ostern einen politischen Gefangenen freizulassen, den das Volk will.

Ihr erinnert euch, daß gerade der Mörder Barrabas im Knast saß, und genau an den erinnert sich Pilatus auch. Er denkt nun folgendermaßen: »Wenn ich die Leute wählen lasse zwischen dem gemeingefährlichen Mörder Barrabas und dem harmlosen Spinner Jesus, da werden sie natürlich Jesus wählen, dem sie vorgestern alle auf der Straße zugejubelt haben. Und auf diese Weise bin ich den Mann dann los.«

Also geht er vor's Haus und fragt die Volksmenge (27, 27): »Wen soll ich euch freigeben, Barrabas oder Jesus?«

In diesem Moment gibt es einen Zwischenfall. Ein Bote drängelt sich nach vorn, er muß sofort mit Pilatus sprechen. Die Verhandlung wird unterbrochen. Rückfrage: Wer schickt den Boten? Es stellt sich heraus: Der Bote kommt von der einzigen Person, vor der Pilatus wirklich kuscht, also von seiner Frau. Sie läßt ihm ausrichten (V. 19): »Laß die Hände von diesem unschuldigen Mann. Seinetwegen hatte ich letzte Nacht einen schrecklichen Traum.«

Die entscheidende Frage

Pilatus handelt nach dem Motto: »Hör auf deine Frau – fahr vorsichtig.« Er ist nun erst recht entschlossen, Jesus laufen zu lassen. Inzwischen haben die Gegner von Jesus, die führenden Priester und Ratsherren, die Pause geschickt ausgenutzt. Sie sind in der Volksmenge rumgelaufen und haben auf die Leute einagitiert: »Ihr müßt für den Barrabas die Freilassung und für Jesus die Todesstrafe verlangen!« Und als nun Pilatus zum zweiten Mal fragt (21): »Wen von den beiden soll ich euch herausgeben?«, da schreit die Masse: »Barrabas!« Das hat Pilatus nicht erwartet. Jetzt weiß er nicht mehr weiter. Da stellt er in seiner Hilflosigkeit eine Frage. Die Frage ist richtig, aber an die falsche Adresse gerichtet. Er fragt die Masse, aber die Antwort auf diese Frage kann nur er für sich allein geben. Es ist die Frage, vor der jeder Mensch steht, vor der auch du stehst, die nur du selber beantworten kannst. Es ist die wichtigste Frage deines Lebens. Pilatus fragt (V. 22): »Und was soll ich mit Jesus machen?« Als Pilatus am Morgen dieses ersten Karfreitags aufwachte, ahnte er nicht, daß er an diesem Tag vor die größte Entscheidung seines Lebens gestellt würde. Er dachte, er gehe in eine normale Gerichtsverhandlung. Dabei ging es darum, daß er ein Urteil zu fällen hatte, das über sein eigenes Lebensschicksal entscheiden sollte.

Es gibt in unserem Leben Entscheidungsstunden, denen wir nicht ausweichen können. Die sind plötzlich da und verlangen gebieterisch eine Entscheidung: für oder wider, es gibt nichts drittes dazwischen. Ja oder nein, jetzt auf der Stelle.

Die falsche Entscheidung

Als du heute morgen aufgewacht bist, hast du nicht geahnt, daß du an diesem Tag vor der größten Entscheidung deines Lebens stehst. Du hast gedacht, du gehst in einen normalen Gottesdienst. Dabei geht es hier darum, daß du jetzt vor der gleichen Frage stehst wie damals Pilatus: Was machst du mit Jesus? Und selbst, wenn du dir nichts aus ihm machst, ist das auch eine Antwort, die über

dein ewiges Schicksal entscheidet; denn ohne Jesus bist du in Ewigkeit verloren.
Was machst du mit Jesus? Nimmst du ihn an als einen Erlöser, oder schiebst du ihn ab als einen Träumer? Willst du ihn anbeten als den Sohn Gottes, oder willst du ihn ausbooten wie die Leute damals? Denn als Pilatus fragte: »Und was soll ich mit Jesus machen?«, da schrien sie alle: »Kreuzigen!« Pilatus fragt zurück: »Was hat er denn verbrochen?« Aber sie schreien nur noch lauter: »Kreuzigen!« Pilatus merkt: »Mit dieser von Agitatoren verhetzten Masse hat es keinen Sinn zu diskutieren.« Und als das Getöse immer größer wird und überhaupt keine Verständigung mehr möglich ist, greift er zur Zeichensprache (Vers 24): »Er nahm Wasser und wusch sich vor allen Leuten die Hände. Dabei sagte er: Ich habe keine Schuld am Tode dieses Mannes. Das habt ihr zu verantworten. Das ganze Volk schrie: Wenn er unschuldig ist, dann komme die Strafe für seinen Tod auf uns und unsere Kinder. Da gab Pilatus ihnen Barrabas frei. Jesus ließ er auspeitschen und gab Befehl, ihn ans Kreuz zu nageln.« Wir haben es heute leicht, wenn wir feststellen: sie haben den Falschen gekreuzigt. Pilatus und das Volk haben eine Fehlentscheidung getroffen. Die Frage ist nur – wie hätten wir uns entschieden, wenn wir dabeigewesen wären? Damals wurde ja nicht nur zwischen zwei Menschen entschieden. Es wurde entschieden zwischen zwei Möglichkeiten, die Welt zu verändern, und die Entscheidung fiel für die Gewalt, gegen die Liebe, für den Mörder, gegen den Retter.
Sage mir keiner, wir hätten uns damals anders entschieden! Wie entscheiden wir uns denn heute, wenn es um die Frage Gewalt oder Liebe geht? Wir hätten längst die Möglichkeit gehabt, schon tausend Mal, und haben sie jeden Tag wieder, uns gegen die Gewalt und für die Liebe zu entscheiden, gegen den Mörder und für Jesus.
Durch die Politik der Aufrüstung wird heute der Mord an der Menschheit vorbereitet. Wir alle sind bei diesem Pro-

zeß Augenzeugen. Wir alle haben in diesem Prozeß eine Stimme. Und wir alle stehen wieder mal genau vor der gleichen Frage wie Pilatus: »Was soll ich mit Jesus machen?«
Sollen wir ihn abtun als einen idealistischen Spinner, dessen Vorschläge zum Frieden unrealistische Phantasien sind? Oder sollen wir ihn endlich ernst nehmen mit seinem Konzept der Gewaltlosigkeit? Die meisten setzen heute ihr Vertrauen auf die Atomraketen und sind immer noch davon überzeugt, daß man mit Mord und Gewalt ein Paradies bauen kann. Die Entscheidung für Barrabas ist die Fehlentscheidung unserer Generation.
Die Generation, die sich gegen Jesus entschieden hatte, konnte noch rufen: »Sein Blut komme über uns und unsere Kinder!« Solche forschen Sprüche können wir uns nicht mehr leisten. Wenn wir uns die Fehlentscheidung eines Atomkrieges leisten, gibt es keine nächste Generation mehr. Damals, vor dem Palast des Pilatus, wurde die größte Fehlentscheidung der Menschheit gefällt: der Mörder kommt frei, der Unschuldige wird gekreuzigt. Diese Entscheidung wurde von den beteiligten Menschen bewußt gefällt. Aber wer hier nur Menschen handeln sieht, sieht zu wenig.
Denn hier handelt auch Gott. Durch die Fehlentscheidung der Menschen hindurch fällt Gott seine Entscheidung. Und es kommt am Ende genau das raus, was Gott will: der Mörder kommt frei, der Unschuldige wird gekreuzigt. Um das zu verstehen, müssen wir uns jetzt mal in die Lage des Mörders versetzen.

Der begnadigte Mörder

Barrabas sitzt in seiner Zelle. Er ist an die Wand gekettet. Hinter ihm liegt sein verlorenes Leben, vor ihm liegt der Tod. Er hat keine Aussicht, freizukommen. Es ist der letzte Tag seines Lebens. In wenigen Stunden wird seine Hinrichtung stattfinden. Da hört er Schritte. Die Soldaten des Hinrichtungskommandos kommen im Gleichschritt

den Gefängnisgang entlangmarschiert. Vor seiner Zelle ertönt das Kommando: »Abteilung halt!« Barrabas weiß: »Es ist soweit. Das ist das Ende.«
Aber dann hört er, wie die Tür der Nachbarzelle aufgerissen wird: »Raustreten!« Und dann werden seine zwei Kumpels zur Vollstreckung der Todesstrafe abgeführt. Als die weg sind, öffnet der wachhabende Offizier seine Tür und sagt: »Barrabas! Mensch, hast du ein Schwein! Du fällst unter die Amnestie. Kannst abhauen. Du bist frei!«
Barrabas begreift kein Wort. Und als der Offizier ihm erklärt, daß es eine Wahl gegeben hat, ob er oder ein gewisser Jesus freigelassen werden soll, und man sich für ihn entschied, während der Jesus jetzt hingerichtet wird, da begreift er erst recht nichts. Er weiß nur: »Ich bin frei! Ich kann gehen!«
Und er geht. Er geht durch die Stadt, und er geht durch das Stadttor. Und da sieht er draußen vor dem Tor auf einem Hügel eine große Menschenmenge. Es ist der Hügel Golgatha, die Hinrichtungsstätte von Jerusalem. Als er näher kommt, sieht er drei Kreuze. An jedem Kreuz hängt ein Mann.
Die beiden Männer links und rechts kennt er. Das sind seine beiden Zellengenossen, seine Gesinnungsgenossen, seine Untergrundbewegungsgenossen, Terroristen und Mörder wie er, schuldig wie er. Die kennt er.
Aber den in der Mitte, den kennt er nicht. Da sieht er sein Gesicht, und das zieht ihn förmlich an. Er geht noch näher ran, schiebt sich durch die gaffende Menge nach vorn in die erste Reihe, bis an die Absperrung. Und da kann er auch den Zettel erkennen, der an dem Kreuz in der Mitte angebracht ist. Und er liest: »Jesus von Nazareth, König der Juden.«
Und in diesem Moment fängt er an zu begreifen: Das ist also der Jesus, dem ich meine Freiheit verdanke. Wenn sie den nicht dort angenagelt hätten, hätten sie mich dort angenagelt. Da hinge ich jetzt dort, und über mir hinge

ein Zettel mit meinem Namen und meiner Schuld: »Barrabas, Mörder.«
Aber dort steht: »Jesus, König der Juden«. Der hängt jetzt dort, wo ich hängen müßte. Aber ich hänge nicht dort, weil der an meiner Stelle hängt. Ich bin frei. Ich lebe!
Das, liebe Freunde, ist unsere Situation. Barrabas – das sind wir. Barrabas heißt auf deutsch: »Sohn des Vaters.« Wir alle sind Kinder des einen Vaters Adam, gehören durch die Erbsünde zum Geschlecht der Sünder, Aufrührer gegen Gott, haben die Todesstrafe verdient. Aber weil Jesus, der Unschuldige, für unsere Schuld büßt, sind wir frei. Weil der Sohn Gottes für uns stirbt, können wir leben.
Ob der Barrabas Jesus bloß mit ungläubigen Augen angeglotzt oder ob er ihn mit gläubigem Herzen angebetet hat, das sagt uns die Bibel nicht. Aber sie sagt uns: »Wer an Jesus glaubt, ist frei von seiner Sünde. Wer seine Schuld bekennt, dem wird sie vergeben. Wer an Jesus glaubt, hat das ewige Leben.«
Dir kommt das alles vielleicht ziemlich fremd und unverständlich vor. Und das kann ja auch gar nicht anders sein. Das Kreuz von Jesus ist unverständlich. Kein Mensch kann je verstehen, daß Gottes Liebe zu uns so groß ist, daß er seinen Sohn an unserer Stelle kreuzigen läßt, um uns das Leben zu retten.

Der Weg in die Freiheit

Daß ausgerechnet das Kreuz von Jesus der Weg in die Freiheit ist, ist für uns schwer zu begreifen. Dieser Weg kann nicht verstanden werden, aber er kann gegangen werden. Und solange er nicht gegangen wird, wird er uns fremd bleiben.
Es geht uns wie einem Gefangenen in lebenslanger Haft. Der kennt jeden Quadratzentimeter seiner Zelle, jeden Weg, jede Treppe im Gefängnis. Nur den Weg aus dem Gefängnis in die Freiheit kennt er nicht. Der ist ihm fremd. Den ist er noch nie gegangen. Ist das etwa ein Argument

gegen die Freiheit? Wir haben unsere bekannten Trampelpfade, auf denen wir versuchen, mit unserem verfehlten Leben fertig zu werden. Sie führen meistens im Kreise herum. Wir verdrängen, verharmlosen, vergessen unsere Schuld. Aber das alles ist nur wie ein Freigang auf dem Gefängnishof. Am Ende landen wir wieder in der Zelle, in dem Gefängnis unserer Schuld. Der Weg in die Freiheit von der Schuld ist dir fremd, aber er steht dir offen, wenn du zu Jesus gehst. Jesus erwartet dich mit offenen Armen.

Vier für einen

Markus 2, Verse 1–12:

(1) Und nach einigen Tagen ging er wieder nach Kapernaum; und es wurde bekannt, daß er im Hause war. (2) Und es versammelten sich viele, so daß sie nicht Raum hatten, auch nicht draußen vor der Tür; und er sagte ihnen das Wort. (3) Und es kamen einige zu ihm, die brachten einen Gelähmten, von vieren getragen. (4) Und da sie ihn nicht zu ihm bringen konnten wegen der Menge, deckten sie das Dach auf, wo er war, machten ein Loch und ließen das Bett herunter, auf dem der Gelähmte lag. (5) Als nun Jesus ihren Glauben sah, sprach er zu dem Gelähmten: Mein Sohn, deine Sünden sind dir vergeben. (6) Es saßen da aber einige Schriftgelehrte und dachten in ihren Herzen: (7) Wie redet der so? Er lästert Gott! Wer kann Sünden vergeben als Gott allein? (8) Und Jesus erkannte sogleich in seinem Geist, daß sie so bei sich selbst dachten, und sprach zu ihnen: Was denkt ihr solches in euren Herzen? (9) Was ist leichter, zu dem Gelähmten zu sagen: Dir sind deine Sünden vergeben, oder zu sagen: Steh auf, nimm dein Bett und geh umher? (10) Damit ihr

aber wißt, daß der Menschensohn Vollmacht hat, Sünden zu vergeben auf Erden – sprach er zu dem Gelähmten: (11) Ich sage dir, steh auf, nimm dein Bett und geh heim! (12) Und er stand auf, ging alsbald hinaus vor aller Augen, so daß sie sich alle entsetzten und Gott priesen und sprachen: Wir haben so etwas noch nie gesehen.

Ein Mann kommt von der Arbeit nach Hause. Ich sagte: Von der Arbeit. Für manche Berufszweige sollen ja jetzt durchsichtige Frühstücksdosen eingeführt werden, damit die mit einem Blick erkennen, ob sie von der Arbeit kommen oder auf die Arbeit gehen ... Unser Mann kommt also von der Arbeit, der hat nicht nur acht Stunden hinter sich, sondern der hat echt gearbeitet, dann noch eine Betriebsversammlung zum Thema: »Unsere Aufgabe bei der Verwirklichung der Hauptaufgabe: Senkung der Aufgaben und Aufgabe aller Nebenaufgaben zugunsten der Hauptaufgabe.« Dann noch ein kleines halbes Stündchen anstehen wegen 10 Flaschen Pils – und jetzt ist er fertig. Feierabend. Er kommt nach Hause, haut die Werkzeugtasche in die Ecke, sich selber in den Sessel, freut sich auf den Fernsehabend mit Pamela und äußert zu Helga – was seine Frau Gattin ist – wie folgt: »Heute abend tu' ich keinen Schritt mehr!«

». . . muß noch mal weg . . .«

Kaum hat er das gesagt, rennt er auch schon ans Fenster und hängt seinen Kopf raus, um rauszukriegen, warum die halbe Stadt auf den Beinen ist und die Massen in Richtung Marktplatz zusammenströmen.
Als er's raus hat, hat er gerade noch Zeit, seiner Helga zuzurufen: »Helgamaus, stell mir's Bier und die Buletten kalt, ich muß noch mal weg« – und weg ist er.
Aber nicht wie die Massen in Richtung Marktplatz, sondern in die entgegengesetzte Richtung, zum Stadtrand. Erst klingelt er bei einem Kumpel – »Komm mal mit, ich brauche dich!« – und die beiden gehen noch zu einem

anderen Kumpel und noch zu einem. Jetzt sind sie vier, und die vier laufen in das Stadtviertel, wo die Bretterbuden und Elendshütten stehen, wo die Assis, die Armen und die Ausgestoßenen leben.
Und da liegt einer auf der Matte, bei dem läuft nichts mehr. Der kann schon lange nicht mehr laufen, der ist gelähmt. Und zu dem sagen seine Kumpels: »Du, Jesus ist wieder in der Stadt, soll'n wir dich dem mal vorstellen? Vielleicht kann der dich gesund machen?«
Der Kranke ist einverstanden, die vier packen seine Matratze und schleppen den Gelähmten davon.

Schleppen aus Liebe

Falls du mal bei einer Rot-Kreuz-Übung mitgemacht hast, weißt du vielleicht noch, wie schwer ein Mensch auf der Bahre ist, da werden die Arme beim Tragen immer länger. Die haben den damals aber nicht bloß ein paar Meter zum nächsten Krankenwagen getragen, sondern durch die ganze Stadt. Das war eine ganz schöne Leistung, das kostete Kraft, Zeit und den Verzicht auf Feierabend, Abendbrot und Pamela. Aber aus Liebe zu ihrem kranken Kumpel war ihnen das alles egal. Hauptsache, der kam zu Jesus. Das Problem war bloß, zu dem hinzukommen. Vor dem Haus eine Traube Menschen, an sämtlichen Türen und Fenstern hingen die Massen, und niemand wollte die vier mit der Matratze durchlassen.
Aber Liebe macht erfinderisch, die vier beschließen, den Kranken auf dem Luftweg zu befördern. Also: »Wir steigen Jesus aufs Dach«. Gesagt, getan. Und jetzt kommt es zu einer Gottesdienststörung, wie sie wohl noch kein Prediger erlebt hat.
Ich habe schon eine Menge Gottesdienststörungen erlebt: Betrunkene haben dazwischengebrüllt, ein Pfarrer hat eine Erklärung gegen mich verlesen, aber das Größte war, als mal bei einer Trauung eine Eule durch die Kirche flog. Das war unwahrscheinlich feierlich, wie die so zwischen den Säulen rumschwebte. Da war ich mit

meiner Predigt natürlich total abgemeldet, weil alle fasziniert den Flug der Eule verfolgten. Aber das, was Jesus hier erlebt, das habe ich noch nie erlebt: dem decken sie das Dach ab.

Der Himmel steht offen

Ihr müßt wissen, in Palästina sind die Dächer flach, zwischen den Balken Zweige und Lehm, also kein Problem, da ein Loch auszuheben. Und stellt euch vor: Jesus ist im Haus, im Wohnzimmer, und predigt. Sein Hauptthema war: »Das Reich Gottes.« Darüber hat er sicher damals in Kapernaum auch gepredigt.

Jesus breitet die Arme aus: »Ich sage euch: Das Reich Gottes ist nahe herbeigekommen.« Auf dem Dach: Raschel, Raschel.

Jesus hebt die Arme hoch: »Erhebt eure Augen, seht nach oben.« Ritze, Ratze.

Oben an der Zimmerdecke tut sich was, der Putz rieselt runter, eine Platte wird ausgehoben. Alle gucken interessiert nach oben. Jesus hat die Augen geschlossen und predigt weiter: »Der Himmel steht offen über euch!«

Rums, kommt die nächste Ladung Lehm angeflogen, und man sieht ein großes, blaues Stück Himmel.

Jesus ist fertig, er ist schon beim Segen: »Der Herr lasse sein Angesicht leuchten über euch« – da erscheint in der Dachluke das bärtige Gesicht eines Dachsteigers, und im nächsten Moment wird die Matratze nach unten abgeseilt, und der Gelähmte schwebt Jesus ärschlings in die geöffneten Arme.

So nicht!

Da entfährt einem der Oberlandeskirchenräte, die in der ersten Reihe sitzen, der Ausruf: »So geht das nicht!« Das sagen die meisten, wenn was Besonderes vorgeht, besonders, wenn das besonders gut geht. In Jerusalem, dem Sitz der Kirchenleitung, war ein Hinweis aus der Bevölkerung eingetroffen: »Wanderprediger Jesus predigt

vor vollen Häusern.« Sowas beunruhigt nicht nur die weltliche, sondern auch die kirchliche Behörde.
Also schickt die, um Lehre und Wandel des Wanderpredigers zu überprüfen, ein paar offizielle Beobachter, und die sitzen natürlich ganz vorn.
Natürlich haben die anderen auch Beobachter geschickt, aber die sind zurückhaltender, jedenfalls in ihrem Auftreten. Die machen von ihrer Aufsichtstätigkeit nicht soviel Aufsehen wie die Herren von der Kirchenleitung, die ja gerade Wert darauf legen, gesehen zu werden.
Und jetzt läßt sich einer von denen auch noch hören: »So geht das nicht!«

Einer muß bezahlen

Das gehört sich ja auch wirklich nicht, einfach so das Dach abzudecken, ist ja Sachbeschädigung – und einer muß das Dach bezahlen. Aber um ihren Freund zu Jesus zu bringen, riskieren die vier Männer auch den Vorwurf des Dachschadens und übernehmen die Deckung der Unkosten. Und ich frage dich, sofern du Christ bist: Was läßt du es dich kosten, andere zu Jesus zu bringen?
Viele von Euch bringen es ja nicht mal fertig, einen anderen hierher einzuladen, geschweige denn, andere mitzuschleppen.
Ihr rückt hier geschlossen im Pulk der jungen Gemeinde an, ihr strahlt mich an – aber ihr habt vergessen, den anderen mitzubringen, der Jesus so dringend braucht!
Na klar kostet es Überwindung, einen anderen anzusprechen und einzuladen.
Na klar kostet es Nerven, wenn einem der Vogel gezeigt wird, weil man für die Kirche wirbt.
Na klar kostet es Zeit, einen anderen abzuholen.
Na klar muß einer das Dach bezahlen.
Aber ich möchte mal wissen, wer das machen soll, wenn du es nicht machst. So vielen Menschen könnte geholfen

werden, wenn sie nur erst mal mit Jesus bekannt gemacht würden!
Milliarden leben auf dieser Erde und wissen nichts von Jesus, weil die Christen zu faul sind zur Mission und Evangelisation. Tausende leben in unserer Stadt und wissen nichts von Jesus, weil die Christen zu faul sind, sie einzuladen, sich noch zusätzliche Arbeit aufzuladen.

Bei Jesus läßt sich was machen

Jedes Argument, das wir gegen ein zusätzliches Engagement vorbringen können, hätten die vier Männer damals auch vorbringen können. Die hatten sich ihren Feierabend redlich verdient und brauchten nicht noch eine zusätzliche Feierabendbeschäftigung. Aber die vier haben ihre fromme Feierabendbrigade gegründet, die haben, egal was es sie kostet, ihren Kumpel zu Jesus gebracht, und als der ihren Glauben sah, hat er gehandelt.
Die Männer glaubten gemeinsam mit dem Kranken, daß sich bei Jesus was machen läßt. Wenn sie das nicht geglaubt hätten, hätten sie alle zu Hause bleiben und Pamela anglotzen können. Aber sie haben rangeklotzt, weil sie geglaubt haben, daß sich was tut, wenn man Jesus auf die Bude rückt. Das waren keine Jesus-Schlümpfe, die bloß in frommen Versammlungen rumschwärmen, sondern die sind draußen rumgerannt und haben im Schweiße ihres Angesichts für Jesus Zubringerdienst geleistet. Die wollten bei dem was erreichen.
Viele Christen wollen was von Jesus, sie beten einmal oder zweimal, aber wenn's nicht gleich klappt, geben sie auf. Die vier Männer gaben nicht auf, als es auf Anhieb nicht klappte, sie probierten weiter, die bohrten solange, bis sie sich bei Jesus Gehör verschafft hatten. Das ist Glaube!
Die vier Gesunden haben mit dem Kranken und für den Kranken geglaubt, daß Jesus was tun wird. Das war sozu-

sagen eine Gebetsgemeinschaft auf acht Beinen und einer Matratze.

Hoffnung sein

Jedes Fürbittgebet ist für einen anderen eine Hilfe. Jede Gebetsgemeinschaft ist für einen anderen ein Segen. Jeder echte Glaube ist für einen anderen Hoffnung.
Wenn Du an Jesus glaubst, gibst du auch anderen Menschen Hoffnung.
Mensch, um uns herum liegen so viele am Boden, sind gelähmt von der Resignation, kommen nicht mehr aus der Hüfte.
Für solche Menschen können solche Menschen wie du Hoffnung sein!
Ich war jetzt zu einer Jugendwoche. Da waren auch viele Erwachsene dabei. Manche haben mit mir gesprochen und mir erzählt, wie resigniert, lust- und kraftlos viele Menschen der Generation über 50 sind. Und dann habe ich 'was Schönes erlebt:
Genau die gleichen, abgelaufenen Menschen haben mir gesagt: »Wir sehen hier in der Kirche eine Jugend, die nicht randaliert, nicht betrunken ist, die nicht Krach macht oder etwas kaputt macht. Und das macht uns Hoffnung. Und daß diese Jugendlichen nicht nur still zuhören, sondern viele ganz offen nach vorn gehen und sich zu Jesus bekennen – das macht uns neue Hoffnung!«
Verstehst du: dein Glaube an Jesus ist für andere Hoffnung. Deine Tat ist für andere Rettung!

Sündenvergebung statt Krankenheilung

»Als nun Jesus ihren Glauben sah, sagte er zu dem Gelähmten: ›Deine Sünden sind dir vergeben!‹«
Das war ja nun 'ne echte Überraschung. Die Männer hatten mit einer Krankenheilung gerechnet, statt dessen ist Sündenvergebung angesagt. Lange Gesichter ringsum, außer bei den Theologen von der Kirchenleitung, denen langt's jetzt, die machen keine langen, sondern finstere

Gesichter und sagen einstimmig im Chor: »So geht das nicht!« Und das muß man den Herren Theologen lassen – die sind die einzigen, die mitkriegen, was hier läuft. Als Theologen wissen sie: Kein Mensch kann Sünden vergeben. Sünden vergeben kann nur Gott.
Wenn Jesus hier sagt: »Deine Sünden sind dir vergeben«, behauptet er damit, daß er Gott ist, und das ist in ihren Augen eine Gotteslästerung. Daher ihr einhelliges Urteil: »So geht das nicht!«
Jesus sieht den Jungs aus Jerusalem an der Nasenspitze an, was sie denken. Also geht er sie jetzt direkt an und fragt sie: »Was habt ihr für Gedanken in euren Herzen? Was ist leichter: Zu dem Gelähmten zu sagen: ›Dir sind deine Sünden vergeben‹ oder zu sagen: ›Steh auf, nimm dein Bett und geh‹?« Jesus wartet die Antwort gar nicht erst ab, weil ja sowieso klar ist, daß jeder denkt, es ist leichter zu sagen: »Dir sind deine Sünden vergeben«, weil das keiner nachprüfen kann. Aber es ist schwerer zu sagen: »Steh auf und nimm dein Bett«, weil das ja nachprüfbar ist – denn wenn sich nichts rührt und der liegen bleibt, ist Jesus der Blamierte. So denken die Leute. Jesus denkt da ganz anders.
Bei ihm geht's nicht um das, was schwerer oder leichter ist, sondern was wichtiger ist: Sündenvergebung oder Gesundheit?
Die meisten Menschen, auch viele Christen, stehen auf dem Standpunkt: »Hauptsache gesund.«
Jesus sagt:
»Hauptsache ist die Sündenvergebung«.
Das heißt nicht, daß Jesus die Gesundheit für unwichtig hält. Im Gegenteil, er kümmert sich um die Gesundheit des Gelähmten – mehr als alle anderen. Mehr als die Theologen, die die Krankheit als Sündenstrafe ansehen. Mehr als die Ärzte, die keine Möglichkeit der Heilung sehen. Mehr als die Stadtverwaltung, die den Kranken in die Slums abgeschoben hat. Mehr als der Kranke, der sich schon selber aufgegeben hat.

Gesundsein ohne Gerettetsein

Natürlich weiß Jesus, wie wichtig für den Gelähmten die Gesundheit ist, deshalb macht er ihn ja gesund und gibt ihm seine gesunden Knochen wieder. Aber er macht ihn eben erst gesund, nachdem er ihm die Sünden vergeben hat. Denn Gesundsein ohne Gerettetsein ist nicht das Gelbe vom Ei. Das ist wie vergnügt in einem Boot zu sitzen, das ein Loch hat und demnächst untergeht.
Selbst wenn du noch so gesund lebst, wirst du sterben. Und wenn dir dein regelmäßiger Stuhlgang wichtiger ist als ein regelmäßiger Kirchgang, dann gehst du ab zur Hölle.
Das Problem deiner Gesundheit ist mit dem Tag deines Todes erledigt. Aber das Problem deiner Sünde ist mit dem Tag deines Todes nicht erledigt. Im Gegenteil: dann wird deine Sünde für dich zum Problem. Denn wenn du in dieser Welt durch die Sünde von Gott getrennt warst, wirst du auch in der zukünftigen Welt von Gott getrennt sein. Und von Gott getrennt sein – das ist die Hölle.
Deshalb sagt Jesus: »Lieber mit einem Auge im Himmel, als mit zwei Augen in die Hölle.« In Markus 9, 43 steht: »Es ist besser für dich, daß du als Krüppel zum Leben eingehst, als daß du zwei Hände hast und fährst zur Hölle.«
Ich kenne einen Mann, der sitzt schon seit Jahrzehnten im Rollstuhl. Der hat einmal zu mir gesagt: »Lieber gelähmt im Rollstuhl mit Jesus, als gesund draußen rumlaufen ohne Jesus.« Dieser Mann hatte begriffen, daß ein geheiltes Gewissen wichtiger ist als heile Knochen, daß der Friede mit Gott mehr wert ist als die Freuden der Gesundheit.
Das wollte Jesus an dem Mann auf der Matratze demonstrieren. Außerdem wußte er, daß Krankheit von Gott weder geschaffen noch gewollt ist, sondern daß Krankheit eine Folge der Sünde ist, und deshalb gibt er ihm erst die Vergebung der Sünden, und dann die Gesundheit.

»Was ist leichter – dem Gelähmten zu sagen: ›Dir sind deine Sünden vergeben‹, oder zu sagen: ›Steh auf, nimm dein Bett und geh‹? Damit ihr aber wißt, daß der Menschensohn Vollmacht hat, zu vergeben die Sünden auf Erden, sprach er zu dem Gelähmten: ›Ich sage dir: Steh' auf, nimm dein Bett und geh heim.‹ Und er stand auf, nahm sein Bett und ging sofort hinaus vor allen, so daß sie sich alle entsetzten und Gott priesen und sprachen: ›Wir haben so etwas noch nie gesehen.‹«
Klar, daß die Leute aus dem Häuschen sind, als sie das sehen: erst ist er auf der Matratze oben durch die Dachluke ins Haus, jetzt marschiert er unten mit der Matratze unterm Arm durch die Haustüre hinaus. Das ist wirklich sensationell, aber es geht hier nicht um eine Sensation, sondern um eine Person. Nicht um Heilung, sondern um den Heiland, um die Person von Jesus.

Der Schwerpunkt

»Damit ihr aber wißt, daß der Menschensohn Vollmacht hat zu vergeben die Sünden auf Erden« – das ist der Schwerpunkt der Geschichte. Wir alle wissen, daß Jesus Sünden vergeben kann, und da das nur Gott selber kann, sollen wir alle wissen, daß Jesus Gott selber ist. Es geht um Jesus! Wo Jesus redet oder wo von ihm geredet wird, geht es immer um ihn. Und es geht um die Entscheidung für oder gegen Jesus.
Egal, ob du heute durch deinen eigenen Entschluß hergekommen bist, oder weil dich jemand mitgeschleppt hat. Egal, ob du zum x-tenmal oder zum erstenmal hier bist – ich bitte dich: Wenn du deine Sünde loswerden willst – dann komme zu Jesus.

Mit Jesus das Leben genießen

Johannes 2, Verse 1–11:

(1) Und am dritten Tage ward eine Hochzeit in Kana in Galiläa; und die Mutter Jesu war da. (2) Jesus aber und seine Jünger wurden auch auf die Hochzeit geladen. (3) Und da es an Wein gebrach, spricht die Mutter Jesu zu ihm: Sie haben nicht Wein. (4) Jesus spricht zu ihr: Weib, was habe ich mit dir zu schaffen? Meine Stunde ist noch nicht gekommen. (5) Seine Mutter spricht zu den Dienern: Was er euch sagt, das tut. (6) Es waren aber allda sechs steinerne Wasserkrüge gesetzt nach der Weise der jüdischen Reinigung, und ging in je einen zwei oder drei Maß. (7) Jesus spricht zu ihnen: Füllet die Wasserkrüge mit Wasser! Und sie füllten sie bis obenan. (8) Und er spricht zu ihnen: Schöpfet nun und bringet's dem Speisemeister! Und sie brachten's. (9) Als aber der Speisemeister kostete den Wein, der Wasser gewesen war, und wußte nicht, woher er kam (die Diener aber wußten's, die das Wasser geschöpft hatten), ruft der Speisemeister den Bräutigam (10) und spricht zu ihm: Jedermann gibt zum ersten guten Wein, und wenn sie trunken geworden sind, alsdann den geringeren; du hast den guten Wein bisher behalten. (11) Das ist das erste Zeichen, das Jesus tat, geschehen zu Kana in Galiläa, und offenbarte seine Herrlichkeit. Und seine Jünger glaubten an ihn.

Als Jesus ins Licht der Öffentlichkeit trat, war er Junggeselle und schon 30 Jahre alt. Bis dahin hatte er ganz unauffällig als Zimmermann gelebt. Das war sein bürgerlicher Beruf.

Aber sein eigentlicher Beruf war ERLÖSER. Diesen Beruf hat kein Mensch vor ihm und keiner nach ihm gehabt. Er war der einzige, den Gott zu diesem einzigartigen Beruf berufen hat. Er sollte Menschen in Gottes Reich rufen, sie zur Bekehrung auffordern, ihnen neues Leben anbie-

ten, für ihre Sünden sterben und sie vom ewigen Tode erlösen.
Das ist eine schwere, ernste Lebensaufgabe. Wer sowas vorhat, hat keine Zeit für irgendwelches Allotria. Um so erstaunlicher ist, daß Jesus seine öffentliche Wirksamkeit mit einem Riesenallotria anfängt.
Wie gesagt: 30 Jahre lang hat er sich darauf vorbereitet, die Menschen in Gottes Reich zu rufen. 30 Jahre lang hat er auf dieses eine Ziel zugelebt, 30 Jahre lang seine Gedanken, Gebete, Kräfte auf diese Aufgabe konzentriert. Und in dem Moment, wo's losgeht, kriegt er eine Einladung zu einer Hochzeit.
Er ist gerade dabei, seine Jünger zu berufen. Zwölf sollen es werden. Als er gerade beim fünften ist, kommt die Einladung. Nun hätte er ja sagen können: »Tut mir leid. Keine Zeit. Ich hab doch nicht ein Leben lang auf alles verzichtet, zum Beispiel auf die Ehe, um jetzt, wo's losgeht, meine Zeit auf eurer Hochzeit zu verplempern. Ich hab doch nicht 30 Jahre lang in den Startlöchern gesessen, um jetzt, wo's losgeht, auf eurer Hochzeitsfete rumzusitzen. Ich bin voll beschäftigt, bin gerade mittendrin, meine Mitarbeiterschaft zusammenzustellen.«
Das ist eine gute Ausrede. Jeder hätte sie akzeptiert. Aber Jesus kommt nicht mit Ausreden, sondern er kommt mit.
Wenn jemand ihn einlädt, kommt er. Wenn du ihn einlädst, kommt er auch zu dir. Er wird nie zu dir sagen: »Ich habe keine Zeit«, oder: »Du bist mir zu unwichtig«, oder: »Vielleicht ein andermal, morgen.«
Nein, wenn du Jesus einlädst, kommt er. Und zwar in demselben Moment. Wenn du jetzt in diesem Moment in deinem Herzen sagst: »Bitte, Jesus, komm zu mir«, dann tritt er jetzt in dein Leben ein. Und dann fängt dein Leben erst mal richtig an. Denn ein Leben ohne Jesus ist nach Meinung der Bibel überhaupt kein richtiges Leben. Genauso wie eine Ehe ohne Jesus nach Meinung der Bibel überhaupt keine richtige Ehe ist.

Fromme Soße – statt Gottes Segen?

Heutzutage fangen ja die meisten ihre Ehe ohne Jesus an, auch die, die ihn bloß zu Dekorationszwecken benutzen. Da kam jetzt ein junger Mann zu mir und sagte: »In drei Wochen will ich heiraten! Alles fix und fertig – Standesamt, am nächsten Tag Gaststätte gemietet, Essen bestellt, Verwandtschaft eingeladen. Das Problem ist bloß: Meine Frau, die ist übrigens im fünften Monat schwanger, ist weder getauft, noch konfirmiert, noch Glied einer Gemeinde – können Sie uns bitte kirchlich trauen?«
Also so nicht! Jedenfalls nicht mit mir! Und kein Pfarrer, der noch einen Rest von Geist besitzt, wird sich auf so ein Theater einlassen. Denn den Braten riecht ja jeder: Die wollen zu ihrer Hochzeit nicht Jesus, sondern einen kirchlichen Schleimer, der den bereits angebrannten Braten mit einer frommen Soße übergießt. Die wollen vom Pfarrer die Soße, aber nicht von Gott den Segen. Und der ist doch die Hauptsache. Bei der kirchlichen Trauung geht's darum, daß ich meinen Lebenspartner aus Gottes Hand empfange. Daß Gott mir meinen Partner anvertraut – daher Trauung – und daß Gott meine Ehe segnet. Denn auch für die Ehe gilt: An Gottes Segen ist alles gelegen.
Heute pfeifen die meisten auf Gottes Segen, indem sie entweder die Ehe überhaupt oder die kirchliche Trauung ablehnen. Die meisten gehen ohne Jesus in die Ehe, und deswegen gehen die meisten Ehen nicht. Guckt sie euch doch an, die freudlosen Paare, wie sie abgestumpft nebeneinander herlatschen, diese Armee von resignierten, unzufriedenen, unglücklich Verheirateten – ganz zu schweigen von denen, die sich scheiden lassen und dadurch noch unglücklicher werden.

Lade Jesus zu dir ein!

Bei uns in der DDR wird jede dritte Ehe geschieden, und jede Scheidung ist ein Haufen Schmerz, Tränen, Verbitterung und Kummer, und wo Kinder mit reingezogen werden, ist es fast schon ein Verbrechen. Und warum so viele unglückliche Ehen? Weil Jesus nicht eingeladen wurde. Weil es immer bloß hieß: »In meinem Leben, in meiner Wohnung, in meiner Ehe, auf meiner Hochzeit brauche ich keinen Jesus.«

Wenn du bisher auch so gedacht hast, dann bitte ich dich: Lade ihn ein, damit in dein Leben, in deine Wohnung, in deine Ehe Friede einzieht. Wenn du ihn damals zu deiner Hochzeit nicht eingeladen hast, dann hole es nach. Lade ihn heute noch ein!

Ohne seinen Segen läuft deine Ehe oder dein eheähnliches Zusammenleben mit einem Partner nicht. Und wenn's bei dir schon schief gelaufen ist, dann möchte ich dir sagen: Der Terror, den ihr jetzt bei euch habt, muß nicht so bleiben. Es muß bei dir nicht zur Scheidung kommen. Es muß auch nicht so weit kommen, daß du dein Leben lang ohne Liebe neben deinem Partner hertrottest. Jesus kann euch beide verwandeln. Er kann euch einen neuen Anfang schenken. Aber ihr müßt ihn erst mal reinlassen, an euch ranlassen. Laß dir bitte den guten Rat geben: Lade Jesus zu dir ein, du wirst es nicht bereun.

Die beiden jungen Leute, die ihn damals zu ihrer Hochzeit eingeladen haben, haben es jedenfalls nicht bereut. Die wohnten in Kana, einer Klitsche, 13 km von Nazareth entfernt, und hatten also auch Jesus eingeladen.

Der wäre bestimmt nicht eingeladen worden, wenn er eine Niestüte gewesen wäre. Denn wer will schon einen auf seiner Hochzeit dabei haben, der keinen Spaß versteht und bei jedem deftigen Witz pikiert an der Nase runterguckt. (Und bei so'ner Bauernhochzeit werden ganz harte Witze gerissen, wie es ja meistens in geschlossener Gesellschaft sehr offen zugeht). Wer will schon einen dabei haben, der weltfremd und stocksteif dahockt, wenn sich alle vor Lachen biegen und zu schunkeln anfangen?

Aber Jesus ist kein Spielverderber, kein verklemmter

Partymuffel, der als ewiger Junggeselle entsagungsvoll in der Ecke steht und Langeweile verbreitet, während der Rest des Dorfes auf der Tenne Polka tanzt. Jesus ist auf der Hochzeit nicht bloß so dabei unter »ferner liefen«, sondern er trägt auch was mit bei, damit die Fete auf vollen Touren läuft.

Peinlich, peinlich!

Vielleicht kennt ihr die Situation, wenn man bei einer Fete zusammensitzt, und auf einmal ist der Stoff alle. Kein Tropfen Alkohol mehr im Hause, die Kneipe nebenan schon dicht, und die Stimmung ist deutlich am absinken. Wenn dann einer aus seiner Tasche noch eine Flasche rausholt, gibt's ein großes Hallo – und das Fest ist gerettet. Der Typ, der die Flasche gucken läßt, ist Jesus. Er ist der Mann, der die Hochzeitsparty in dem Moment, wo sie gerade absacken will, wieder in Schwung bringt. Es stellt sich nämlich plötzlich heraus, daß der Wein alle ist.
Johannesevangelium Kapitel 2: Der Wein war alle.
Peinliche Sache für das Brautpaar und die Brauteltern. Sieht ja so aus, als wären sie arm oder geizig, eins so schlimm wie's andere.
Die erste, die mitkriegt, daß der Wein alle ist, ist Maria, die Mutter von Jesus. Sie geht zu ihm und sagt: »Sie haben keinen Wein.« Aber Jesus läßt sie abblitzen: »Frau, was geht's dich an, was ich tue? Meine Stunde ist noch nicht gekommen.«
Als Mutter von Jesus will Maria eine Vermittlerrolle übernehmen. Das ist zwar gut gemeint, aber das ist nicht im Sinne von Jesus. Er braucht keine Vermittlerin seiner Gnade. Deshalb faucht er seine Mutter ungewöhnlich scharf an. Und Maria versteht, daß sie sich rauszuhalten hat. Sie zieht sich zurück und sagt nur zu den Dienern: »Was er euch sagt, das tut.«
Jetzt ist sie wieder auf der richtigen Position. Sie weist hin auf Jesus. Von ihm erwartet sie Hilfe. Ihm muß man gehorchen. Er wird handeln.

Ich stelle mir vor, daß Jesus nach diesem Gespräch rausgeht aus dem Raum, in dem die Hochzeitsgesellschaft rumtobt. Er tritt ein paar Schritte vor's Haus, wo es ruhiger ist, und betet: »Vater, hast du einen Auftrag für mich?« Und der Auftrag kommt. Jetzt ist seine Stunde gekommen.
Als er sich umsieht, sieht er sechs große, steinerne Wasserkrüge stehen. Die sind leer. Jesus sagt zu den Dienern: »Füllt die Krüge mit Wasser.« Die füllen sie bis zum Rand. »Nehmt eine Probe und bringt sie dem Küchenchef.«

Fromme Leute und weltliche Freuden

Der Küchenchef probiert, schlürft, schmatzt, schnalzt, geht zum Bräutigam und sagt: »Jedermann gibt zuerst den guten Wein, wenn sie betrunken sind, den gewöhnlichen. Du hast den guten Wein bisher behalten.« Mit anderen Worten: Jesus hat das Wasser in Wein verwandelt. Und zwar nicht in ein billiges Gesöff, sondern in einen edlen Tropfen. Er schlägt dem Faß den Boden aus, indem er in dem Moment, wo die Fete in einer Flaute ist, neuen Stoff ranschafft und den Laden wieder flott macht.
Das übersteigt bis zum heutigen Tage die Vorstellungskraft aller frommen Spießer, die immer so tun, als dürfe ein anständiger Christ bei den sogenannten weltlichen Freuden nicht mitmachen.
Jesus macht mit. Und zwar kräftig. Der ist kein Alkoholmuffel. Allerdings gibt er dir durch sein Verhalten auf der Hochzeit keinen Freibrief fürs Saufen. Erstens steht hier nirgends, daß die auf der Hochzeit zu Kana betrunken gewesen wären oder Jesus sie betrunken gemacht hätte. Ganz abgesehen davon, daß Trunkenheit damals als Schande galt. Und zweitens ist es ein Unterschied, ob jemand mal auf einer Hochzeit einen draufmacht, oder ob sich jemand durch regelmäßiges Saufen kaputt macht.
Wir haben in der DDR eine Million Alkoholiker. Das ist

bei einer Bevölkerung von 17 Millionen alarmierend. Der Alkohol ist, wenn er mißbraucht wird, ein gefährlicher Feind des Menschen. Und wir haben heute allen Grund, vor dem Saufen zu warnen.
Bei dieser Gelegenheit möchte ich sagen, daß Jesus der einzige ist, der einen Alkoholabhängigen befreien kann. Denn hinter der Alkoholsucht steht der Teufel, und mit dem wird nur Jesus fertig.
Ich war letzten Monat zu einer Jugendwoche in Waren. An einem Abend, ein paar Minuten, bevor es losging, wurde mir ein Zettel gebracht, da stand drauf: »Lieber Theo Lehmann! Vor fünf Jahren erlebte ich dich in Rostock. Ich darf seit fünf Jahren trocken sein. Dem Herrn sei Lob und Dank! Dein Alexander.« Das ist ein Beispiel von tausenden, wo Jesus einen Trinker freigemacht hat. Also, wenn du alkoholsüchtig geworden bist, dann wende dich an Jesus. Der kann nicht nur Wasser in Wein, sondern auch umgekehrt alkoholsüchtige in trockene Menschen verwandeln.
Trotzdem bleibt es dabei, daß Jesus zum Erstaunen und Ärger aller kleinlichen Antialkoholiker große Mengen von Alkohol spendiert hat, und das war ausgerechnet das erste Wunder, das er getan hat.

Von Hochzeit zu Hochzeit

Später hat er dann beim Abendmahl, wo es auch Wein gab, gesagt: »Ich werde Wein erst wieder trinken im Reich meines Vaters.« Und Gottes Reich hat er ja auch als Hochzeit beschrieben. Am Anfang die Hochzeit zu Kana. Am Ende das Hochzeitsfest in Gottes Reich. Die beiden Aussagen sind für uns Christen genug, um die irdischen Freuden von Herzen zu genießen.
Ich bin sogar davon überzeugt, daß nur der, der seine Hoffnung auf die Ewigkeit setzt, die irdischen, vergänglichen Freuden richtig genießen kann. Die Nichtchristen können das gar nicht so wie wir. Die sind ja der Meinung, mit dem Tod sei Schluß, dann komme nichts mehr. Also

müssen die vorher alles mitnehmen, solange noch die Beißerchen und die Leber und die Galle mitmachen. Die sagen sich: »Was ich jetzt nicht kriege, das kriege ich nie.« Deshalb laufen die gierig und süchtig den Freuden der Welt hinterher, deshalb schütten und schaufeln die rein, was das Zeug hält. Und je näher die dem Tode kommen, um so weniger haben die an Freude, um so schiefer hängt das Maul.
Bei uns Christen ist das anders. Für uns sind alle irdischen Freuden Ankündigungen der Freuden, die in Gottes Ewigkeit auf uns warten. Und deshalb können wir die irdischen Freuden viel besser genießen, weil wir wissen: es kommt noch besser. Wer Jesus nicht kennt, kann den Hals nicht voll genug kriegen und wird doch nicht satt. Wer Jesus kennt, kann das Leben in vollen Zügen genießen, ohne dem Vergänglichen nachzutrauern, weil er weiß: in Gottes Ewigkeit geht's erst mal richtig los.
Auf der Hochzeit zu Kana hat Jesus mal für einen Moment aufgedreht, um uns zeichenhaft anzudeuten, was bei ihm alles drin ist. Wenn wir erst in seinem Reich drin sind, dann wird, wie die Bibel sagt, »unser Mund voll Lachen sein.«
Jetzt muß ich mich aber mal speziell an die wenden, die die ganze Zeit zwar nicht gelacht, aber gelächelt haben über diese wundervolle Geschichte, weil sie das ganze für frei erfunden halten. Ich denke sowieso, daß die meisten von uns sich fragen: »Stimmt das eigentlich? Nimmt die Bibel uns hier auf die Schippe? Ist das wirklich so passiert?«

Wein oder nicht Wein, das ist nicht die Frage

Also – ich war nicht dabei. Und ich möchte gleich sagen, daß ich nicht die geringste Lust habe, jetzt herumzurätseln, ob das Wunder so passiert ist oder nicht. Das ist nun eure Sache, was ihr von diesem Wunder haltet.
Wunder führen normalerweise nicht zum Glauben. Dem Nichtglaubenden helfen sie gar nichts, und dem Glau-

benden können sie seinen Glauben auch nicht begründen, höchstens stärken.
In unserer Geschichte ist es so, daß nur die, die sowieso schon als Glaubende mit Jesus auf die Hochzeit gekommen sind, auch nach dem Wunder an ihn glauben. Für die anderen ändert sich nichts. Die sind froh, daß sie was zu trinken kriegen, ansonsten haben die nichts kapiert.
Wir kommen also keinen Schritt weiter, wenn wir jetzt Argumente Pro und Kontra sammeln, ob es Wunder gibt und ob dieses Wunder hier so passiert ist oder nicht.
Damit ihr aber nicht denkt, ich kneife, und falls euch meine Meinung interessiert, dann möchte ich euch allerdings reinen Wein einschenken und ganz klar sagen: Wenn hier in der Bibel steht, daß Jesus aus sechs Krügen Wasser sechs Krüge Wein gemacht hat, dann steht für mich fest: dann hat er auch aus sechs Krügen Wasser sechs Krüge Wein gemacht. Das glaube ich. Mehr habe ich dazu nicht zu sagen.
Wein oder nicht Wein – das ist hier nicht die Frage. Die entscheidende Frage ist nicht, ob du glaubst, daß Jesus damals in Kana Wasser in Wein verwandelt hat. Die entscheidende Frage ist, ob du glaubst, daß Jesus auch heute etwas verwandeln kann. Und zwar nicht irgendwas und irgendwen, sondern dich. Das bloße Fürwahrhalten der Bibel ist noch kein echter Glaube. Wenn du glaubst, daß Jesus damals so gehandelt hat, wie es hier in der Bibel steht, ihm aber nicht zutraust, daß er heute genauso handelt, dann glaubst du überhaupt nicht an Jesus.
Wenn du nicht glaubst, daß Jesus jede Situation verändern kann, dann glaubst du überhaupt nicht an Jesus.
In der Bibel steht: »Bei Gott ist kein Ding unmöglich.« Und die ganze Kana-Geschichte steht deshalb in der Bibel, damit du siehst: Jesus kann das Bestehende verändern. Und wo er was verändert, entsteht Freude. Wenn Jesus aus Wasser Wein gemacht hat, kann er auch aus einer trüben Tasse eine sprudelnde Quelle und aus einer alten Flasche einen fröhlichen Christen machen.

Erwartet Wunder!

Ein Theologe hat zu unserer Bibelstelle geschrieben: »Wir halten nicht mehr nach Wundern Ausschau. Wunder solcher Art bedeuten uns nicht mehr viel.« Ja, das stimmt, und deswegen stimmt es bei uns nicht mehr. Deshalb sage ich euch: Erwartet ein Wunder!
Du kannst Jesus nicht zu einem Wunder drängeln. Das hat die Maria versucht und dafür von Jesus einen Anranzer gekriegt. Aber es ist ja ein Unterschied, ob ich von Jesus ein Wunder verlange, oder ob ich von ihm ein Wunder erwarte! Erwartet ein Wunder!
Deine Ehe ist kaputt, und du bist der Meinung, daß da nichts mehr zu retten ist? Jesus hat ausgerechnet auf einer Hochzeit Wasser in Wein verwandelt und das Unmögliche fertiggebracht. Der kann auch fertigbringen, daß es mit deiner Ehe weitergeht, auch wenn du das jetzt für aussichtslos hältst. Für Jesus ist gar nichts aussichtslos. Im Gegenteil: wenn überhaupt einer, dann kann nur der dir helfen.
Du hast das Leben satt? Du findest alles sinnlos? Einer, der aus fadem Wasser herrlichen, funkelnden Wein macht, der kann auch aus deinem langweiligen Leben ein erfülltes, sinnvolles Leben machen. Der kann Sinnlosigkeit in Sinn, Leid in Freude, Angst in Mut verwandeln.
Egal, wie alt du bist, wie verzweifelt, wie tief gesunken, wie festgefahren deine Situation – Jesus kann dein Leben verändern!

Zur Nachahmung empfohlen

1. Mose 28, Verse 10–22a:

(10) Aber Jakob zog aus von Beerscheba und machte sich auf den Weg nach Haran (11) und kam an eine Stätte, da blieb er über Nacht, denn die Sonne war untergegangen. Und er nahm einen Stein von der Stätte und legte ihn zu seinen Häupten und legte sich an der Stätte schlafen. (12) Und ihm träumte, und siehe, eine Leiter stand auf Erden, die rührte mit der Spitze an den Himmel, und siehe, die Engel Gottes stiegen daran auf und nieder. (13) Und der Herr stand oben darauf und sprach: Ich bin der Herr, der Gott deines Vaters Abraham, und Isaaks Gott. Das Land, darauf du liegst, will ich dir und deinen Nachkommen geben. (14) Und dein Geschlecht soll werden wie der Staub auf Erden, und du sollst ausgebreitet werden gegen Westen und Osten, Norden und Süden, und durch dich und deine Nachkommen sollen alle Geschlechter auf Erden gesegnet werden. (15) Und siehe, ich bin mit dir und will dich behüten, wo du hinziehst, und will dich wieder herbringen in dies Land. Denn ich will dich nicht verlassen, bis ich alles tue, was ich dir zugesagt habe. (16) Als nun Jakob von seinem Schlaf aufwachte, sprach er: Fürwahr, der Herr ist an dieser Stätte, und ich wußte es nicht! (17) Und er fürchtete sich und sprach: Wie heilig ist diese Stätte! Hier ist nichts anderes als Gottes Haus, und hier ist die Pforte des Himmels. (18) Und Jakob stand früh am Morgen auf und nahm den Stein, den er zu seinen Häupten gelegt hatte, und richtete ihn auf zu einem Steinmahl und goß Öl oben darauf (19) und nannte die Stätte Bethel, vorher aber hieß die Stadt Lus. (20) Und Jakob tat ein Gelübde und sprach: Wird Gott mit mir sein und mich behüten auf dem Wege, den ich reise, und mir Brot zu essen geben und Kleider anzuziehen (21) und mich mit Frieden wieder heim zu meinem Vater bringen, so soll der Herr mein Gott

sein. (22) Und dieser Stein, den ich aufgerichtet habe zu einem Steinmal, soll ein Gotteshaus werden.

Wer behauptet, die Bibel wäre eine langweilige Schwarte, der hat die Bibel überhaupt noch nie gelesen. Der hat noch nicht mal mit dem Lesen angefangen. Denn gerade am Anfang, im Alten Testament, da stehen ein paar Geschichten, die sind so spannend, manchmal auch so deftig, so haarsträubend, so unmoralisch, daß man denkt, man hat sich im Buch vergriffen und irgendein Groschenheft erwischt. Wenn manche Geschichten nicht gerade in der Bibel stünden, würde man nicht glauben, daß sowas in der Bibel steht.

Ich will euch heute mal so eine Geschichte aus dem Alten Testament erzählen. Nicht gerade eine vom stärksten Kaliber, aber immerhin ein ganz nettes Ganovenstück.

Die Geschichte handelt von einem gewissen Jakob. Das heißt auf Deutsch: der Hinterlistige, oder: der, der krumme Sachen macht. In frommen Kreisen ist der Jakob bekannt als einer der drei Erzväter des Volkes Israel. Aber in seiner Jugend war das ein Erzschurke, ein Erbschleicher, ein gerissener skrupelloser Bursche von der übelsten Sorte.

Ich möchte euch zunächst seine Familie vorstellen. Er hatte noch einen älteren Bruder, den Esau. Seine Mutter hieß Rebekka. Und der Vater war der Isaak.

Vater Isaak war alt und blind, und als der merkte (ihr merkt hoffentlich, daß die Geschichte jetzt losgeht), daß er bald sterben würde, ließ er seinen ältesten Sohn Esau zu sich kommen. »Mein lieber Esau«, sagte er, »ich bitte dich: Geh auf's Feld und schieß mir einen schönen Hasen. Mach' mir daraus ein schönes Essen. Und wenn ich gegessen habe, will ich dich segnen.«

Ihr merkt schon, die Geschichte spielt zu einer Zeit, als man die alten Leute nicht mit Blaulicht ins Krankenhaus abzischen ließ, damit sie dort einsam und verlassen ster-

ben. Vor allem aber war das eine Zeit, wo die Väter ihre Söhne noch segneten. Von Vätern, die ihre Söhne verfluchen und rausschmeißen, können wir ja einige Storys erzählen. Aber von Vätern, die ihre Söhne segnen, hört man heutzutage im allgemeinen recht selten.
Dabei ist der Segen etwas ganz entscheidend Wichtiges für unser Leben. Wenn ich euch zum Beispiel am Ende des Gottesdienstes mit dem Zeichen des Kreuzes segne, dann ist das keine Floskel, kein frommer Kokolores, sondern da bekommt ihr etwas, und zwar eine Kraft, da werdet ihr unter Gottes Schutz gestellt.

Zwei schöne Früchtchen

Also, der Isaak wollte den Esau segnen. Die Rebekka hatte das Gespräch zwischen Vater und Sohn mitangehört. Und die wollte lieber, daß der Jakob diesen Segen des Vaters bekommt, denn sie hatte den Jakob lieber als den Esau. Sie war also eine von den Müttern, die ein Lieblingssöhnchen haben, das sie verhätscheln und bevorzugen. Kennen wir ja auch, den Typ.
Und während der Esau brav durch die Wiesen hirscht und auf Karnickeljagd geht, greift sich die Mama ihr Lieblingssöhnchen Jakob. Sie erzählt ihm alles und hat auch gleich einen festen Plan, wie sie den alten Isaak und den Esau reinlegen kann. Sie sagt nämlich: »Weißt du was? Hol' schnell von der Herde zwei zarte Böckchen, die werde ich schön braten, wie's der Vater liebt, und dann kriegst du den Segen, wenn du ihm den Braten bringst.«
Sagt der Jakob: »Aber wenn der alte Herr nun den Braten riecht? Wenn der mich etwa anfaßt, merkt der gleich, daß ich nicht der Esau bin, denn der hat eine rauhe Haut und ich eine ganz glatte.«
»Mach' dir keine Sorgen«, meinte die brave Mutter, »das werden wir schon so schaukeln, daß der Alte nichts davon merkt.«
Und so steckt sie den Jakob in die Sonntagsklamotten von Esau, da hängt noch der Duft von dessen Ausgehpar-

füm drin. Um seine Hände und den Hals macht sie das Fell von Böcken, damit der Jakob sich schön rauh und haarig anfühlt. Und dann schickt sie ihn mit dem fertigen Braten zum blinden Vater.

Der betrogene Vater

»Guten Tag, Vater«, sagt der Jakob. Darauf der Vater: »Wer bist du, mein Sohn?« »Ich bin Esau, dein Ältester«, lügt Jakob fließend, »ich bring dir dein Mittagessen. Guten Appetit wünsch ich auch. Und dann möchte ich, bitteschön, deinen Segen.«
Der Vater Isaak ist zwar blind, aber nicht dumm. Der wundert sich, daß der Junge so fix Karnickel gefunden hat, und fragt: »Wie hast du das so schnell gefunden, mein Sohn?« Da antwortet der Jakob, dieses Früchtchen, frisch, frank, fromm und frei: »Der Herr, dein Gott, bescherte mir's.«
Dem Vater ist die Sache aber trotz der frommen Redensarten noch verdächtig. Er sagt: »Komm' doch mal ein bißchen näher ran mein Sohn, ich will dich erst mal testen und betasten, ob du wirklich mein Sohn Esau bist.« Der Jakob läßt sich ruhig befummeln (der hat ja sein dickes Fell hinter den Ohren), und der Vater wundert sich immer noch: »Deine Stimme klingt wie Jakob, aber deine Hände sind rauh wie bei Esau, und deine Kleider riechen auch wie die vom Esau. Sei's drum – ich segne dich.«
Und Isaak segnet den Jakob: »Gott gebe dir von Korn und Wein die Fülle, Völker sollen dir dienen...« Fünf Minuten später kommt der Esau mit der Bratenplatte reinmarschiert. Und jetzt geht alles nochmal von vorne los: »Guten Tag Vater, hier ist dein Mittagessen, wünsche guten Appetit...« und so weiter. Der Vater: »Wer bist du?« Esau: »Ich bin Esau, dein ältester Sohn.« Wer? brüllt der Vater und schnallt vollkommen ab. »Wer ist denn dann der Kerl, der mir eben einen Braten gebracht hat und den ich gesegnet habe?«

Esau schwört Rache

Natürlich ist den beiden sofort klar, daß der Jakob der Schuft gewesen ist. Und ihr könnt euch ja vorstellen, wie es den geprellten Esau jetzt total entschärft. Der Esau wird zur Sau, der tobt und heult. Erst bittet er seinen Vater, er soll auch ihn segnen. Der aber lehnt das ab, und deshalb sagt sich der Esau: »Na gut, es dauert nicht mehr lange, dann wird der Vater sterben. Solange warte ich noch. Und dann bringe ich den Jakob um.« Das kriegt nun wieder die Rebekka mit, das Weib hat seine Ohren eben überall. Sie warnt den Jakob: »Der Esau will dir an den Kragen. Ich rate dir: Mach' die Mücke, verzieh dich nach Haran, dort habe ich einen Bruder. Und wenn der Esau sich ausgetobt hat, dann kommst du wieder heim bei Muttern.«
Und nun ist der Jakob auf der Flucht, noch länger als Dr. Richard Kimble, zwanzig Jahre lang. Aus dem Gauner wird ein Zigeuner, der sich in der Welt herumtreibt – einsam, heimatlos, haltlos, gottlos.

Die große Wende

Und plötzlich läuft dieser gottlose Kerl Gott in die Arme. Plötzlich begegnet er – zum ersten Mal in seinem Leben – dem lebendigen Gott, den er bisher nur vom Hörensagen kannte. Er stammte zwar aus einem frommen Elternhaus, aber persönlich war er Gott noch nicht begegnet. Jetzt ist es soweit. Er begegnet dem gleichen Gott, über den er sich erst noch lustig gemacht hatte mit seiner forschen Bemerkung: »Der Herr, dein Gott, bescherte mir's.« Jetzt, als ihm Gott in den Weg tritt und ihn anredet, vergehen ihm die faulen Witze. Jetzt fallen ihm keine schnoddrigen Kommentare ein, weil ihm die Knie schlottern, weil er merkt: »Der Gott, den ich bisher bloß als einen Ulk aufgefaßt habe, als eine fromme Marotte blinder alter Leute, als Eiapopeia und Pfarrergeschwätz, dieser Gott lebt ja! Dieser Gott ist da, der läßt mich ja nicht aus den Augen, der fordert mich.«

Und so wird aus dem schuldigen Gauner ein Mensch des Glaubens, aus dem hinterlistigen Jakob der wahre Jakob, ein Mensch, der seinen Lebensweg mit Gott geht. Später bekommt er sogar einen neuen Namen, nämlich Israel. Das bedeutet: Gottesreiter. Und aus seinem Geschlecht wird später der Gottessohn Jesus Christus geboren, in dem sich alle Verheißungen des Alten Testaments erfüllen. Der Jakob hatte Gott weder gekannt noch gewollt und gesucht. Das einzige, was er in der Nacht, als Gott ihm begegnete, wollte, das war: pennen. Jakob war müde und hatte sich unter freiem Himmel schlafen gelegt mit einem Stein als Kopfkissen. Und da hatte er einen Traum. In den Versen 13 bis 15 unseres Textes steht, was Gott da zu ihm gesagt hat.

Jetzt seid ihr dran

So, und nun will ich mal aufhören, von Jakob zu reden. Jetzt seid ihr dran. Jetzt will ich mal von euch reden.
Ich weiß nicht, warum ihr hierher in diese Kirche kommt. Vielleicht seid ihr schon weiter als der Jakob. Vielleicht sucht ihr Gott. Vielleicht glaubt ihr an ihn oder möchtet glauben. Aber es sind bestimmt auch einige hier, die sich nicht für Gott interessieren, die bloß mal reingeguckt haben, was die Christen so treiben.
Vielleicht sind auch welche hier, die ähnliche Gaunereien wie der Jakob auf dem Kerbholz haben, die in irgendeiner Weise vor Gott und den Menschen schuldig geworden sind, die sich unter falschen Angaben und Vorspiegelungen falscher Tatsachen bereichert haben am Besitz anderer, Erbschleicher, Leute, die sich auf krumme Touren einen festen Posten ergaunert haben, die einen anderen reingelegt haben, die sich in das Bett eines anderen gelegt haben und zum Ehebrecher geworden sind, Menschen, die auf der Flucht sind und in der Angst leben, mit ihrem Betrug entdeckt zu werden.
Wenn das alles auf niemanden von euch zutrifft, um so besser! Herzlichen Glückwunsch! Allen anderen sage

ich: Wenn Gott so einen miesen Ganoven wie den Jakob, diesen hinterlistigen Betrüger, mit seinen Verheißungen überschüttet und ihn zu seinem Werkzeug macht, dann hat noch der größte Schuft eine Chance, dann ist noch für jeden von uns bei Gott etwas drin.
Gott braucht jeden von euch, um sein Reich zu bauen. Und er kann aus jedem, auch dem miesesten Typen, einen neuen Menschen machen, auch aus denen, die nicht im Traum daran denken, daß es Gott gibt.
Vielleicht kommt ihr hierher in die Kirche, weil ihr denkt, da gibt's wieder einen Ulk, eine Sensation. Vielleicht erwartet ihr, wenn ihr hierher kommt, alles andere – Stimmung, Ausruhen, Ablenkung, was weiß ich –, bloß nicht, daß ihr hier Gott begegnen könntet. Und dann hört ihr, wie Gott zu euch sagt – zu euch, nicht bloß zu Jakob, zu euch: »Ich bin mit dir, und ich will dich behüten, wo du hinziehst.«

Kuhhandel: Wenn . . . dann

Vielleicht geht es euch auch wie dem Jakob. Als der aus seinem Traum erwachte und der erste Schreck vorbei war, da kamen ihm schon die ersten Zweifel. Da fragte er sich: »Ist Gott wirklich da? Hat der jetzt wirklich mit mir gesprochen? Hat der mich gemeint? Oder war das jetzt alles bloß ein frommer Traum?«
Und da der Jakob nach wie vor ein fixes Kerlchen ist, da sagt er sich: »Jetzt will ich die Sache doch lieber erst mal nachprüfen. Ich werd's mal mit diesem Gott versuchen. Und dann werde ich ja sehen, was dabei herauskommt.« Und er schlägt Gott ein kleines Geschäft vor, eine Art Wette. Er legt nämlich ein Gelübde ab und sagt: »Wenn Gott mit mir sein wird, und wenn Gott mich behüten wird auf dem Wege, und wenn Gott mir Brot zu essen und Kleider anzuziehen gibt, wenn Gott mich mit Frieden wieder heim zu meinem Vater bringt – dann soll der Herr mein Gott sein.«
Also – bescheiden ist der Jakob nicht gerade. Und außer-

dem ist das ein ziemlicher Kuhhandel, den er hier mit Gott machen will. Und wenn man als studierter Theologe sowas hört, da stehen einem die Haare zu Berge. In jedem einschlägigen theologischen Lehrbuch steht, daß der Mensch auf diese Weise nicht mit Gott verkehren kann und das man Gott nicht solche Geschäfte vorschlagen, ihm keine Bedingungen stellen darf. Na sicher, das denke ich auch.
Aber was hilft's – hier in der Bibel steht nun mal drin, daß es der Jakob so gemacht hat. Ich sage ja: Sachen stehen in der Bibel, die gar nicht dadrin stehen dürften. Und kein anständiger Pfarrer dürfte sich erlauben, in der Predigt seiner Gemeinde einen derartigen Kuhhandel mit Gott zu empfehlen, ohne von den Fachtheologen in der Luft zerrissen zu werden.

Probiert's aus!

Da es mir auf ein bißchen mehr oder weniger Kritik nicht ankommt, gebe ich euch aber den Rat: Macht's wie der Jakob! Stellt Gott auf die Probe. Seht Gott auf die Finger. Probiert es doch mal aus, ob es Gott gibt und ob dessen Versprechungen stimmen.
Ihr braucht euch ja nicht Knall auf Fall zu Gott bekehren, obwohl es sowas auch gibt. Es kommt vor, daß von einer Sekunde zur anderen aus einem ungläubigen Menschen ein gläubiger Mensch wird. Daß einer, der eben noch an Gott völlig uninteressiert oder gegen Gott war oder ihn für Mumpitz erklärt hat, auf der Stelle von Gott überwältigt wird und ihn als seinen Herrn annimmt. Und ich bete darum, daß das auch heute abend in diesem Gottesdienst geschieht, daß welche von euch, die gleichgültig und ohne Glauben gekommen sind, sich bekehren und als neue Menschen des Glaubens aus dieser Kirche wieder rausgehen und von dieser Stunde an ein neues Leben mit Gott anfangen.
Ich weiß, das Gott sowas kann. Ich weiß aber auch, daß das nicht unbedingt so sein muß. Eine Bekehrung zu Gott

muß nicht ein plötzliches Ereignis sein, sondern das kann auch ein langer Prozeß sein. Bei dem Jakob ist das auch ein langer Prozeß gewesen. Der steht hier erst am Anfang seines Glaubensweges.
Aber einmal müßt ihr auf jeden Fall damit anfangen. Also bitte, dann macht heute den Anfang! Macht mit Gott einen Vertrag wie der Jakob. Macht mit Gott ein Experiment.
Vielleicht kommt ihr euch nachher, wenn ihr aus der Kirche raustretet in die kühle Luft, so ähnlich vor wie der Jakob, als der aus seinem Traum erwachte. Vielleicht denkt ihr dann: »Ach was, dieses ganze Gerede von Gott, das ist doch bloß Träumerei. Das ist doch weiter nichts als Gefühl, Emotion, Atmosphäre, Manipulation. Und selbst wenn das alles wahr wäre und kein Traum – es ist viel zu schön, um wahr zu sein.« So denkt ihr dann vielleicht.
Denn schön wäre es doch, das müßt ihr zugeben, schön wäre es, wenn wir einen hätten, der mit uns durch dick und dünn geht, der uns behütet, der uns an jedem Tag unseres Lebens hilft. Jawohl, das ist schön. Und wie schön das Leben mit Gott ist, daß könnt ihr genauso erfahren wie ich und wie Millionen anderer Menschen auch. Probiert's doch nur mal aus! Mit aller Nüchternheit, die zu einem Experiment gehört.
Als Gott dem Jakob begegnete und ihm sagte: »Ich bin mit dir und will dich behüten, wo du hingehst«, da hatte der Jakob noch eine Strecke von tausend Kilometern Fußmarsch vor sich, für die damalige Zeit eine unvorstellbare Entfernung, sozusagen eine Reise bis ans Ende der Welt.
Jakob marschiert ins Ungewisse. Aber er hat auf den tausend Kilometern tausendmal die Möglichkeit, Gott beim Wort zu nehmen und mit ihm seine Erfahrungen zu machen.

Wer wagt, gewinnt

Ihr seid jung. Ihr habt noch das ganze Leben vor euch, eine unübersehbare, weite Strecke. Und zunächst habt ihr ein neues Jahr vor euch, von dem ihr nicht wißt, was da auf euch zukommt und wie ihr da durchkommt. Heute, am Anfang dieses Jahres, sagt Gott zu euch: »Ich bin mit dir und will dich behüten, wo du hingehst.« Gott sagt das zu euch, und ich sage euch: Nehmt Gott beim Wort! Nagelt ihn fest auf sein Versprechen. Reibt ihm seine eigenen Worte unter die Nase, stellt ihn auf die Probe, schließt mit ihm ein Abkommen, zum Beispiel: »Wenn Gott mir durch die Prüfung hilft, wenn Gott mir einen Job verschafft, wenn Gott mir die richtige Frau schickt, wenn Gott mich in diesem neuen Jahr leben läßt – dann soll Gott mein Herr sein.«

Und selbst wenn ihr in eurem Herzen denkt: »Das ist doch alles Schwindel, fromme Einbildung, Träumerei, der Gottesdienst Opium fürs Volk, die Predigten und Lieder und alles Drum und Dran Illusion und fromme Show« – selbst wenn ihr das denkt: Prüft es doch mal nach! Wagt doch mal den Versuch, mit Gott zu leben. Fangt doch mal an, zu Gott zu beten, die Bibel zu lesen, nach Gottes Wort zu handeln. Paßt doch mal auf, ob ihr in eurem Leben etwas davon merken könnt, daß Gott euch führt.

Probiert doch mal ein Jahr lang aus, ob ein Leben mit Gott, mit Gebet, mit Vertrauen auf seine Verheißung schöner ist als ein Leben ohne Gott!

Probiert doch erst mal aus, ob ihr mit Gott glücklicher lebt als ohne ihn. Und ich garantiere euch: Wenn ihr Gott in so einfältiger Weise beim Wort nehmt, wie das hier der Jakob gemacht hat, dann werdet ihr glücklich werden und Gott als euren Herrn anerkennen und anbeten. Denn Gott lügt nicht. Und wenn er heute zu euch sagt: »Ich bin mit dir«, dann ist er mit dir.

Merkmale für rechte Nachfolge

Lukas 9, Verse 57–62:

(57) Und sie gingen in einen anderen Markt. Es begab sich aber, da sie auf dem Wege waren, sprach einer zu Jesus: Ich will dir folgen, wo du hingehst. (58) Und Jesus sprach zu ihm: Die Füchse haben Gruben, und die Vögel unter dem Himmel haben Nester; aber des Menschen Sohn hat nicht, da er sein Haus hinlege. (59) Und er sprach zu einem anderen: Folge mir nach! Der sprach aber: Herr, erlaube mir, daß ich zuvor hingehe und meinen Vater begrabe. (60) Aber Jesus sprach zu ihm: Laß die Toten ihre Toten begraben: gehe du aber hin und verkündige das Reich Gottes! (61) Und ein anderer sprach: Herr, ich will dir nachfolgen; aber erlaube mir zuvor, daß ich einen Abschied mache mit denen, die in meinem Hause sind. (62) Jesus aber sprach zu ihm: Wer seine Hand an den Pflug legt und sieht zurück, der ist nicht geschickt zum Reich Gottes.

Jesus braucht keine Fans, sondern Nachfolger. Und ein Nachfolger Jesu braucht folgende Eigenschaften: Illusionslosigkeit, Pietätlosigkeit, Rücksichtslosigkeit.

Erstes Merkmal: Illusionslosigkeit

Da kommt ein Mann zu Jesus und sagt: »Ich will dir folgen, wo du hingehst.« Ein herrlicher Satz. Ein Traumsatz. Das ist der Satz, von dem Jesus träumt, nach dem er lechzt. Das ist die Situation, die er am meisten liebt: ein Mensch meldet sich als Nachfolger.
Es ist kein junger Spund, der sich jeden Tag für ein anderes Idol begeistert. Es ist keine alte Frau, die religiös überdreht ist und jeden Tag zu einem anderen Pfarrer rennt. Nein, es ist ein Mann, ein richtiger Mann in den be-

sten Jahren, voll ausgereift, gut abgehangen, ein Schriftgelehrter, kein Dummchen also. Der kommt zu Jesus. Nicht aus Langeweile, wie manche von euch. Nicht aus Zwang, sondern aus Begeisterung, Verehrung, mit den besten Absichten, freiwillig: »Ich will dir folgen, wo du hingehst.«
Die Bibel sagt nicht, wie der Mann zu diesem Entschluß gekommen ist. Ich vermute, er hat Jesus schon eine Weile beobachtet. Er hat gesehen, daß der Kranke heilt, er hat erlebt, wie er Wunder tut, er hat gehört, was er predigt. Jesus hatte gesagt: »Alle, die das Leben fertig gemacht hat, können zu mir kommen. Ich mache euch wieder fit. Alle, die unter ihrer Schuld leiden, können zu mir kommen. Ich mache euch frei. Alle, die lebenshungrig sind, können zu mir kommen. Ich mache euch satt. Alle, die ihr altes Leben satt haben, können zu mir kommen. Ich mache euch neu. Die alten Regeln, nach denen ihr bisher gelebt habt – Auge um Auge, Zahn um Zahn, haust du mich, hau ich dich – könnt ihr vergessen. Ich sage euch 'was Neues: Liebt eure Feinde. Segnet eure Gegner. Vergebt euren Verfolgern. Macht, was ich euch sage, und ihr erlebt, was wirklich Leben ist, ewiges Leben.«
Sachte, sachte!
Das alles hat unser Mann gehört, und er ist von Jesus begeistert. Deshalb kommt er zu ihm mit leuchtenden Augen: »Ich will dir folgen, wo du hingehst.« Gleich im nächsten Moment wird Jesus ihm um den Hals fallen und sagen: »Das ist Musik in meinen Ohren. Gut so, alter Freund, herzlich willkommen im Kreis meiner Nachfolger!«
Aber das sagt Jesus nicht. Sondern er knallt seinem Fan, der ihm da so begeistert an die Brosche schwebt, einen gewaltigen Dämpfer vor den Latz, indem er ihm antwortet: »Die Füchse haben ihren Bau und die Vögel ihr Nest. Ich aber habe keinen Platz, wo ich mich hinlegen und ausruhen kann.«
Mit anderen Worten: »Sachte, sachte, lieber Mann. Wenn du mit mir gehst, wirst du nicht auf Rosen gebettet. Dort,

wo ich hingehe, steht keine Hollywoodschaukel, sondern ein Kreuz. Bevor du mir folgst, bedenke die Folgen!«
Jesus hat nichts gegen Begeisterung! Im Gegenteil: Ohne Begeisterung läuft bei Jesus nichts. Die lahmen Schlaffies kann er nicht brauchen. Aber nur Begeisterung ohne Bereitschaft, den nüchternen Tatsachen ins Auge zu sehen, das geht nach hinten los. Tatsache ist: Jesus ist ein armer Hund, ärmer als Herr Fuchs und Frau Elster. Die haben ihren Bau und ihr Nest und ihre Fernsehshow. Aber Jesus hat kein Haus und kein Bett, und er macht auch keine Show. Er macht uns nichts vor. Sein Leben und seine Lehre decken sich.
Er gehört beispielsweise nicht zu denen, die soziale Geschichte predigen, aber in Palästen wohnen.
Er gehört nicht zu denen, die die klassenlose Gesellschaft propagieren, aber ihren Urlaub am eigenen Strand verbringen, während die Massen wie die Heringe am Strand liegen müssen. Er hat keine eigene Jacht, keine eigene Jagd, kein eigenes Haus, nicht mal ein eigenes Bett.
Er wurde geboren in einer geborgten Futterkrippe. Er predigte in einem geborgten Boot. Er zog in Jerusalem ein auf einem geborgten Esel. Er hielt sein letztes Abendmahl in einem geborgten Saal. Er wurde begraben in einem geborgten Grab.
Er war arm und einfach, und er war ehrlich. Er hat niemandem Illusionen gemacht. Niemand kann behaupten, Jesus hätte die Menschen unter Vorspiegelung falscher Tatsachen zur Nachfolge gerufen. Sondern er hat gesagt: »Sie haben mich gehaßt, sie werden euch hassen. Sie haben mich verfolgt, sie werden euch verfolgen.« Lukas 9, 23 ff: »Wer mir folgen will, der verleugne sich selbst und nehme sein Kreuz auf sich täglich und folge mir nach. Denn wer sein Leben erhalten will, der wird es verlieren. Wer aber sein Leben verliert um meinetwillen, der wird's erhalten.«

Nachfolge bringt Nachteile

Es gibt Prediger, die erwecken den Eindruck: »Wenn du zu Jesus kommst, sind alle deine Probleme gelöst wie ein fertiges Kreuzworträtsel.« Jesus hat diesen Eindruck nie erweckt, sondern er hat die Leute lieber abgeschreckt: »Die Füchse haben ihren Bau und die Vögel ihr Nest, aber ich habe keinen Platz, wo ich mich hinlegen und ausruhen kann.« Das heißt: Jesus hat den Mut, hohe Forderungen zu stellen. Aber er hat auch die Ehrlichkeit, von vornherein klipp und klar zu sagen: »Ich hab dir keine materiellen Sicherheiten oder Vorteile zu bieten.« Nachfolge bringt Nachteile. Jesus nimmt also dem Mann von vornherein die Illusion, als ob der Weg der Nachfolge ein bequemer Weg wäre. Und niemand wird von mir zu hören kriegen, daß der Weg mit Jesus leicht wäre. Nein, der Weg mit Jesus ist nicht leicht, sondern schwer.

Schwer und schön zugleich

Ich lade dich trotzdem dazu ein, weil er nämlich schön ist. Es ist schwer, die Wahrheit zu sagen, aber es ist schön, ein gutes Gewissen zu haben. Es ist schwer zu vergeben, aber es ist schön, Frieden mit Gott zu haben. Es ist schwer, Jesus zu verstehen, aber es ist schön zu wissen: Er führt mich richtig, durch dieses Leben, auch durch den Tod, bis in Gottes Reich. Denn das ist überhaupt die Hauptsache: Wenn du ihm nachfolgst, kommst du in den Himmel. Und dafür lohnt es sich, Nachteile in Kauf zu nehmen.

Wenn du jetzt sagst: »Der Himmel ist weit weg, vor mir liegt erst mal das Leben. Morgen muß ich zur Bewerbung meinen Lebenslauf abgeben, und wenn ich da reinschreibe, daß ich Christ bin und dann im Leben nicht weiterkomme – was ist denn dann? Dann komme ich vielleicht in den Himmel – aber komme ich auch zu einer Lehrstelle?«

Wenn du so fragst, dann kann ich dir nur sagen: Aus dir

wird genau das, was Jesus mit dir vor hat. Und er wird dich genau an die Stelle führen, wo er dich hinhaben will und dich braucht, und wenn die ganze Welt kopfsteht. Du kannst bedenkenlos damit rechnen, daß Jesus dich richtig führen kann. Du mußt illusionslos damit rechnen, daß dein Bekenntnis zu Jesus dich deinen Platz auf der Oberschule, deinen Studienplatz und noch mehr kosten kann. Ich sage: kann. Aber erstens muß es nicht so sein, schließlich gibt es genug Christen, denen es materiell gut geht. Und zweitens gibt uns Jesus das, worauf wir verzichten, auf andere und meistens vielfache Weise wieder.

Jesus verlangt ja gar nicht, daß du ab sofort alle bürgerlichen Gewohnheiten und Sicherheiten aufgibst, morgen deine sämtlichen Klamotten im An- und Verkauf verhökerst und dann nackig in deiner leeren Bude hockst. Aber er verlangt, daß du dann, wenn du dich für ihn entscheidest, die Illusion eines leichten Lebens aufgibst. Jedenfalls kannst du nicht den Weg mit Jesus anfangen und gleichzeitig am Ideal eines gesicherten Lebens festhalten.

Das war das erste Merkmal der Nachfolge: Illusionslosigkeit.

Zweites Merkmal: Pietätlosigkeit

Da ist ein anderer Mann (Vers 59), den fordert Jesus auf: »Folge mir nach.« Auch von dem sagt uns die Bibel nicht, was er von Jesus weiß und wie gut er ihn kennt. Jedenfalls kennt Jesus ihn. Und zwar so gut, daß er weiß: dieser Mann ist jetzt so weit, daß er eine Entscheidung für mich treffen kann. Bei ihm ist jetzt die Bekehrung dran. Und deshalb sagt er zu ihm: »Folge mir nach.« Der Mann will zwar. Aber er will vorher noch was erledigen: »Erlaube mir, erst noch meinen Vater zu begraben.« Nichts ist unaufschiebbarer als das. Nichts ist wahrscheinlicher, als daß Jesus für sowas Verständnis hat. Außerdem ist das mit der Bekehrung ja auch nicht so eilig. Ich bekehre mich heute grundsätzlich, praktisch anfangen tu' ich übermorgen. Die paar Tage wird Jesus wohl noch warten können.

Vorsicht – Lebensgefahr!

Nein, kann er nicht! Für Leute, die ihre Bekehrung aufschieben, hat Jesus nichts übrig. Er lehnt eiskalt ab: »Aber Jesus sagte zu ihm: Laß die Toten ihre Toten begraben, gehe du aber hin und verkündige das Reich Gottes.«
Das ist shocking. Einen Mann, der um seinen Vater trauert und der die heilige Pflicht erfüllen will, ihn zu begraben, derart abzufertigen, das ist eine enorme Pietätlosigkeit. Aber wenn Jesus diese rüde Tonart anschlägt, ist das ein enormes Alarmsignal. Hier ist höchste Aufmerksamkeit gefordert, hier besteht Lebensgefahr. Entweder du folgst Jesus nach und hast das ewige Leben, oder du folgst ihm nicht nach, und du bist tot. Jesus erklärt jeden, der nicht mit ganzem, sofortigem Gehorsam sein Nachfolger werden will, für tot. Der ist für ihn gestorben. Hat sich erledigt. Den kann er nicht gebrauchen.
Wenn es um die wichtigste Frage des Lebens geht, um die Frage: »Willst du Jesus nachfolgen?«, dann gibt es nur ein Ja oder Nein. Jetzt oder nie. Ganz oder gar nicht. In diesem Punkt ist Jesus ein Radikalinski, der kein Wenn und Aber duldet.

Weder Wenn noch Aber

Viele Menschen antworten auf die Frage, ob sie Jesus nachfolgen wollen, wie der Sender Eriwan: »Im Prinzip ja – aber … Aber ich muß erst mein Studium abschließen, meinen Hausbau, meine Qualifikation. Wenn das alles gelaufen ist, dann kann ich bei Jesus voll einsteigen.«
Das ist vollkommener Unsinn. So spielt sich bei Jesus überhaupt nichts ab. Entweder du fährst voll auf Jesus ab, oder du steigst aus. Du kannst doch nicht einen Fuß auf dem Trittbrett und den anderen auf dem Fußweg haben. Da fliegst du voll auf die Nase. Vor diesem Reinfall will Je-

sus den Mann – und dich – bewahren. Deshalb läßt er sich auf kein Aber ein. Entweder du steigst ganz ein, oder du läßt es ganz sein.
Wenn Jesus dich auffordet, ihm zu folgen, und du schiebst deine Bekehrung auf, gibt es keinen Grund in der ganzen Welt, den Jesus als Entschuldigung anerkennen würde. Wenn Jesus heute zu dir sagt: »Folge mir nach!«, dann will er deine Entscheidung nicht morgen, sondern heute, jetzt, sofort. Jesus ist ein guter Menschenkenner. Er weiß, daß der Mensch oft eine gute Erkenntnis hat; aber wenn er sie nicht sofort in die Tat umsetzt, wird's nie. Zum Beispiel: Dir ist gestern eingefallen, du müßtest einem bestimmten Menschen mal wieder schreiben. Na und, hast du's gemacht? Na bitte! Es ist immer dasselbe: wenn man sich nicht auf der Stelle hinsetzt und den Brief schreibt, wird nie was draus.
Auch in der Geschichte mit Gott gibt es Momente, die man nicht verpassen darf. Die sind einmalig. Du hörst hundertmal die gleiche Botschaft, du rennst jeden Morgen hierher zum Jugendgottesdienst, und eines Tages fällt es dir wie Schuppen von den Augen. Du siehst dein Leben ganz klar in seiner ganzen Erbärmlichkeit. Du weißt, daß du verloren bist. Du ahnst, daß es für dich eine Chance gibt. Du glaubst, daß Jesus dich retten kann. Du merkst, daß er dich liebt. Du begreifst, daß du jetzt zugreifen mußt – und dann verschiebst du die Entscheidung. Und die Gelegenheit ist vorbei. Und das ist der Grund, warum du nun schon jahrelang bis zum heutigen Tage als unbekehrter Christ herumrennst. Heute hast du die Gelegenheit. Jesus dringt auf eine sofortige Entscheidung. Er ruft dich heute, und er braucht dich heute: »Du aber gehe hin und verkündige das Reich Gottes.« Ohne Rücksicht auf irgend etwas anderes in der Welt.

Drittes Merkmal: Rücksichtslosigkeit

Das lernen wir von dem dritten Mann, der hier zu Jesus kommt. Vers 61: »Und ein anderer Mann sprach: Herr, ich will dir ja nachfolgen. Aber erlaube mir vorher, mich von meiner Familie zu verabschieden.« Natürlich sagen wir auch hier wieder: Warum nicht? In einem anderen Fall hat Jesus das nicht nur erlaubt, sondern hat sogar selber die Abschiedsfete mitgemacht. Hier in unserem Fall lehnt er schroff ab: »Wer die Hand an den Pflug legt und sieht zurück, der ist untauglich für das Reich Gottes.«

Augen nach vorn!

Da ihr vermutlich noch nie einen Pflug gesehen oder in der Hand gehabt habt, nehmen wir dafür mal ein anderes Bild: Wenn ihr euch auf euer Moped setzt, dann müßt ihr den Lenker mit beiden Händen anfassen und nach vorn sehen, sonst geht's schief. Wer die Hand an den Lenker legt und sieht zurück, ist untauglich für den Straßenverkehr. Wenn ihr mit dem Gesicht nach hinten fahrt, fahrt ihr gegen den Baum. Und deshalb ist es polizeilich verboten, beim Fahren den Kopf rückwärts zu drehen, schon wegen der Bäume. Manchmal muß man allerdings auch rückwärts sehen, dazu ist der Rückspiegel da. Wenn ihr nur in den Rückspiegel stiert, geht das aber auch schief. In den Rückspiegel wirft man nur manchmal einen Blick, aber auch nur, um besser vorwärts zu kommen.
Ich bin mal mit dem Auto durch die Bundesrepublik gefahren. Das war vor über 25 Jahren. Damals hatten die dort eine Verkehrsdichte, wie wir sie vielleicht in 25 Jahren erreicht haben werden. Jedenfalls mußte ich da immer ein Auge im Rückspiegel haben, um aufzupassen, ob mich gerade wieder einer überholt.
Wenn du im Westen Auto fährst, brauchst du mindestens zwei Augen. Einäugige könnten dort gar nicht starten. Bei Jesus kannst du starten, egal, wieviel Augen du hast, wieviel Sünden du hast. Hauptsache, du hältst seine Regeln, seine Gebote, ohne Rücksicht auf das, was deine Familie dazu sagt.

Verhängnisvolle Bande

Jesus wußte genau, warum er dem Mann nicht erlaubte, zu einem Abschiedsbesuch zu seiner Familie zurückzukehren. Jesus wußte, welche magnetische Klebkraft die Familie hat, so wie das auch Kurt Tucholsky gesagt hat: »Das Wort Familienbande hat einen üblen Beigeschmack von Wahrheit.«

Jesus wußte: »Wenn ich den jetzt nochmal zu seiner Familie lasse, sehe ich den nie wieder. Denn was dort losgeht, ist ja klar: ›Du bist wohl verrückt geworden? Wenn das in Vaters Betrieb rauskommt! Du mußt auch mal an deine Eltern denken‹!«

Ich kenne junge Menschen, die Jesus nachfolgen möchten und denen ihre Eltern das Leben zur Hölle machen. Die nehmen ihnen die Bibel weg, verbieten, zur Jungen Gemeinde zu gehen. Manche ertragen das heldenhaft, aber ich kenne auch welche, die aus Rücksicht auf ihre Eltern oder andere Leute Jesus nicht nachfolgen.

Ich denke da an ein junges Mädchen, nennen wir sie mal Rita. Sie hatte alles begriffen. Sie wollte Christ werden. Aber sie hatte einen Freund, der war kein Christ. Und sie sagte: »Wenn ich mich zu Jesus bekehre, muß ich mich von ihm trennen.« Und nun mußte sie wählen. Sie entschied sich für ihren Freund. Aber sie machte dabei keinen glücklichen Eindruck.

Ich konnte ihr die Entscheidung nicht erleichtern. Ich weiß auch nicht, warum Jesus manchen die Entscheidung so schwer macht. Ich finde es auch hart, daß Jesus sogar unseren liebsten Menschen gegenüber solche Rücksichtslosigkeit verlangt.

Ohne Rücksicht auf Verluste

Ja, Jesus ist manchmal zu uns sehr hart. Aber er war auch hart zu sich selber. Um den Weg zu gehen, den Gott ihm vorschrieb, hat er seine Familie verlassen. Er hat es ausgehalten, daß seine Familie ihn für verrückt erklärte. Er hat es ausgehalten, daß sie ihn ans Kreuz nagelten. Das alles war hart, aber er hat es alles ausgehalten aus Liebe. Das Kreuz war am härtesten. Aber es ging nicht anders. Es war die einzige Möglichkeit, dich zu erlösen. Und wenn er dich heute auffordert, ihm ohne Rücksicht auf Verluste nachzufolgen, dann macht er es deswegen, weil er dich liebt. Er möchte dich bewahren vor der Verdammnis, die du verdient hast, weil du Gottes Gebote nicht hältst. Er möchte dich retten vor der Hölle, in die du kommst, wenn du weiter so in deinen Sünden lebst. Er möchte dich herausretten aus einer untergehenden Welt, damit du das ewige Leben hast.

Im Alten Testament steht die Geschichte von einer Frau, deren Namen wir nicht kennen. Vielleicht hieß sie genauso wie du. Sie war verheiratet mit einem Mann namens Lot. Sie lebten in Sodom, einer Stadt, die so voll Sünde war, daß Gott sie strafen wollte. Aber die beiden, Lot und seine Frau, wollte er retten. Er sagte ihnen: »Über diese Stadt kommt ein Strafgericht. Haut ab! Laßt alles stehen und liegen. Lauft, rennt um euer Leben! Aber seht euch nicht um!« Lots Frau sah sich um und starb auf der Stelle.

Als ich jetzt im Urlaub war, passierte folgendes: Ein junger Mann fuhr auf seinem Motorrad. Unterwegs drehte er sich mal um. Und in diesem Moment, als er nach hinten sah, raste er voll in ein Auto rein und war tot.

Falsche Rück-sicht ist tödlich. Jesus sagt: »Wer seine Hand an den Pflug legt und sieht zurück, der ist untauglich für das Reich Gottes.«

Ich passe nicht in die Kirche

Alles deutete darauf hin, daß das Gemeindeblättchen recht hat: es war Erntedankfest.

Wer Ohren hatte zu hören, dem wurde es klar, als zu

Beginn das Lied »Wir pflügen und wir streuen« gesungen wurde und der liebe Kinderchor zwar nicht ganz richtig, aber so richtig niedlich ein Ernteliedchen gezirpt hatte.
Wer es nicht hören konnte, konnte es riechen: Von der großen Gemüseschau auf dem Altarplatz her durchzog die Kirche der unverkennbare Geruch einer Großmarkthalle, so daß selbst Taube wittern konnten, wie Erntedankfest in der Luft lag.
Wer taub war oder Heuschnupfen hatte, konnte es schließlich auch sehen: Um jede Liedertafel ringelten sich Blumenkränze, und die mit Girlanden umwundene Kanzel wirkte, wie man unumwunden zugeben kann, wie ein Bierfaß auf der Kirmes. Dergestalt mit allen Sinnen auf eine Erntedankpredigt vorbereitet, kam die große Überraschung, als der Prediger anfing:

»Liebe Gemeinde!
Heute ist Erntedankfest!«
Jetzt war es also raus! Jetzt hatte doch endlich einer die Katze aus dem Sack gelassen und die Sache beim Namen genannt. Nun hörten wir es als ganz gewisse Feststellung aus berufenem Munde, und der letzte Zweifel wurde gleich mit dem ersten Satz überwunden: »Es ist Erntedankfest!« Da ich weder taub noch blind noch mit Heuschnupfen behaftet bin, sondern mich einer normalen Funktion meiner Sinnesorgane einschließlich meiner Großhirnrinde erfreue, ging für mich mit diesem Satz die ganze Predigt in die Binsen.

Ein Plattfuß kommt selten allein

Ich gebe zu: Von Zeit zu Zeit muß auch einmal eine Binsenweisheit ausgesprochen werden. Wenn etwa einmal einer gesagt hat: »Um einen Ort zu erreichen, muß man erst einen verlassen«, dann ist das natürlich eine Binsenweisheit. Bedenkt man aber, wie wenig die Kirche auf dem Wege nach morgen bereit ist, überholte Standpunk-

te zu verlassen, sieht man gleich, daß die Respektierung solcher Binsenweisheiten sehr weise ist und daß es notwendig ist, selbstverständliche Sachverhalte einmal ins Bewußtsein zu heben.
Aber einen durch die gehäufte Anwesenheit von Kohlrabis, Mohrrüben und ihren Züchtern gekennzeichneten Gottesdienst mit der banalen Feststellung, daß Erntedank sei, zu eröffnen, das ist doch schließlich etwas anderes. Das ist eine Plattheit, der übrigens dann noch mehr dieser Art folgten, versteht sich, da bekanntlich ein Plattfuß selten allein kommt. Es war dann die Rede von einem Mann und einer Scheune, die zu klein war, weswegen er eine größere bauen mußte. An einem Flanellbild konnte man ein solches Gebäude unter den Händen einer Gemeindehelferin entstehen sehen. Es war fast wie bei der Ziehung der Lottozahlen, nur nicht ganz so spannend, weil unsereiner mit Scheunen eigentlich wenig zu tun hat. Man konnte also der ganzen Sache so unbeteiligt zusehen, wie einer bei der Lottozahlenziehung, der gerade nicht mitgetippt hat. Der Prediger kam über die rustikale Bildersprache seiner Bibelstelle nicht hinaus und sparte sich die Mühe, seiner Großstadtgemeinde die Sache zu übersetzen. Wozu er nicht fähig war, dazu war eine Gemeinde erst recht nicht fähig. So blieb alles eine einzige große Scheunentorheit, klar war nur das eine: es war Entedankfest.
Um so etwas serviert zu bekommen, stehe ich nicht sonntags früh um acht auf, sondern da erwarte ich als Predigthörer allerdings etwas festere Speise. Ich will genau wissen, was so eine biblische Geschichte für mich bedeutet, wenn ich nicht einmal ein Blumenbeet, geschweige denn eine Gartenlaube oder Scheune besitze, in einer Steinwüste lebe und meine Lebensmittel im Selbstbedienungsladen kaufe.
Was geht mich da eine Scheune an?
Ich habe einen Kühlschrank und müßte erfahren, was der mit meiner Seele zu tun hat. Aber der kam nicht vor, mei-

ne Lebenssituation kam in der ganzen Predigt nicht vor, und mit der Zeit kam mir der gesamte Gottesdienst gespenstisch vor. Da saßen in klammer Atmosphäre ein Haufen Leute zusammen, für die ein Büchsenöffner wichtiger ist als eine Gartenschere, und lauschten einer Rede, die eventuell einer Bauerngemeinde vor hundert Jahren verständlich gewesen wäre.

Gespenstisch

Ich finde für solche Gottesdienste, die so völlig meine Situation übergehen, keinen anderen Ausdruck als: gespenstisch. Da ist keine Wirklichkeit drin, sie kommt einfach nicht vor, man reibt sich die Augen und fragt sich, ob der Mann da oben auf der Kanzel wirklich der Pfarrer ist, der genauso wie ich keine Scheune besitzt. Was will er nur eigentlich von mir? Und was will ich hier in der Kirche?

Ich muß an dieser Stelle bekennen, daß ich ein sehr seltener Predigthörer bin. Nicht, weil ich, wie Sie jetzt vielleicht denken, kirchlich uninteressiert bin oder nur zu Erntedank und Weihnachten in die Kirche gehe. (Zu Weihnachten fing, nebenbei bemerkt, der gleiche Prediger seine Ansprache mit dem originellen Satz an: »Liebe Gemeinde, heute ist Weihnachten!«) Nein, meine Erklärung für seltenes Predigthören ist ganz seriös: Ich bin von berufswegen verhindert, oft Predigten zu hören, weil meine Sonntagsbeschäftigung darin besteht, selber welche zu halten. Mit einem Wort: Ich bin Pfarrer.

Allerdings bemühte ich mich, meine Eigenschaft als Predigthörer beizubehalten, wenn ich Predigten halte. Das heißt – nicht nur, wenn ich sie halte, sondern vor allem, wenn ich sie vorbereite.

Wenn ich bedenke, welche ungeheure Aufgabe es ist, eine Predigt zu halten, müßte ich eigentlich die Segel von vornherein streichen. Ich tue das nicht, kann mich aber auch nicht dazu entschließen, die Predigtvorbereitung auf ein paar Stunden am Sonnabendnachmittag zusam-

menzustreichen. Diese Praxis ist Faulpelzen und Genies vorbehalten.
Während Leute, die sich zu dieser Gruppe gehörig fühlen, oft in ihrer Selbsteinschätzung gehörig irren, weiß ich immerhin mit Sicherheit, daß ich nicht zu ihr gehöre. Für unsereinen, bei dem zum Genie nicht die Begabung und zum Faulpelz nicht die Gewissenlosigkeit reicht, bleibt nur übrig, im Bewußtsein der Problematik, der Überforderung und der eigenen Grenzen seine Sache so gut wie möglich zu machen, und das heißt: alle zur Verfügung stehenden Kräfte in die Predigtarbeit zu investieren.

Faules Laub

Aus dem simplen Grundsatz, daß für einen Prediger das Predigen die wichtigste Aufgabe ist, ergeben sich einige Konsequenzen. Z.B. die, daß ich die Dinge, die weniger wichtig sind, im vertretbaren Rahmen radikal abschalten muß. Wenn ich eine Predigt vorbereite, schaffe ich mir alles andere vom Halse und halte mir einen Raum von mindestens drei vollen Arbeitstagen frei. Diese Zeit brauche ich unbedingt, womit freilich nicht gesagt ist, daß ich nicht auch noch mehr Zeit verwenden kann.
Hier kann natürlich eingewendet werden, daß für eine Predigt von 18 Minuten Dauer der Aufwand von drei Tagen viel zu viel ist. Ich bin nicht dieser Ansicht. Für eine Weihnachtsansprache von höchstens zehn Minuten brauche ich sogar eine ganze Woche, und ich mache mir keine Gewissensbisse, wenn ich in der Weihnachtswoche nicht durch meine Großstadtgemeinde trabe und Pfefferkuchen unter den Großmüttern verteile.
Im Gegenteil, ich hätte kein ruhiges Gewissen, wenn ich meine Hauptaufgabe vernachlässigen würde mit einer Tätigkeit, die ein anderer aus der Gemeinde übernehmen könnte, der am Heiligen Abend nicht mutterseelenallein auf der Kanzel vor einer vollen Kirche zu stehen hat.
Ich hörte einmal lobend die Aktivität eines Pfarrers und

seinen Kontakt zur Jugend erwähnen. In der Tat sah ich ihn am Sonnabend nachmittags mit seiner jungen Gemeinde auf dem Friedhof Laub zusammenkratzen. Die Predigt, die ich von ihm am Tage darauf zu hören bekam, war, mit Verlaub, dementsprechend: faules Laub, was er sich da hastig irgendwo aus den Blättern seiner Kommentare zusammengekratzt hatte.
Meiner Ansicht nach hat ein Pfarrer weder das Recht noch die Pflicht zu irgendwelchen Solidaritätskundgebungen in Form von Arbeitseinsätzen, wenn dadurch die Arbeit an seiner Predigt beeinträchtigt wird. Die ist seine Hauptaufgabe.

Qualität kostet Zeit

Wenn ich mit einer Predigt schwanger gehe, bin ich reizbar wie eine Frau im neunten Monat, und solange ich sie nicht los bin, bin ich für nichts zu sprechen. Noch nie habe ich den Abend vor einer Predigt – auch wenn sie längst fertig ist – außerhalb meines Studierzimmers verbracht, da lockt mich auch der schärfste Krimi im Fernsehen nicht. Ich bereite mich darauf vor, fromme Routiniers aus ihrer Sicherheit aufzuscheuchen, verhärtete Seelen aufzuknacken, in den Gottesdienst gezwungene Konfirmanden, Trauernde, Hilfesuchende anzusprechen, Menschen das Leben zu retten. Jeder Handgriff muß sitzen, die morgige Predigt kann für irgendeinen Hörer die entscheidende Wendung in seinem Leben bringen.
Wer es angesichts dieser ungeheuren Verantwortung nicht fertigbringt, durch vernünftige Zeiteinteilung genug Arbeitszeit für die Predigtvorbereitung auszusparen, dem fehlt eine entscheidende Voraussetzung zum Predigtamt. Selbst wer das als Theologe anerkennt, wird jetzt auf die Praxis verweisen: jeden Sonntag eine Predigt, zwischendurch Bibelstunde, Unterricht, Amtshandlungen, Andachten, Besuche usw., usw. – da bleibt einfach nicht genug Zeit übrig.
Da ich in der Regel nur alle drei Wochen zu predigen ha-

be, habe ich hier gut reden. Aber ich will ja gar keine Gesetze aufstellen, sondern nur davon erzählen, wie ich das mache. Die armen Pfarrer, die jeden Sonntag predigen müssen, kann ich nur meines Mitleids versichern und meiner grenzenlosen Hochachtung. Für die bleibt nur, wenn sie keine Genies sind, der Weg in die Schludrigkeit übrig, in die Halbheiten, in die Improvisation, die sind, wenn's hoch kommt, zur Mittelmäßigkeit verdammt.
Wenn allerdings ein Stadtpfarrer, der nur alle zwei bis drei Wochen zu predigen hat, behauptet, nicht genügend Zeit zur Vorbereitung zu haben, finde ich das einfach Unsinn.
Nur mit enormem Zeitaufwand läßt sich Qualität erreichen. Durch intensive Ausfeilung der rhetorischen Seite der Predigt wird diese nicht steriler, sondern farbiger, lebendiger. Natürlichkeit des Vortrages versteht sich keineswegs von selbst, sondern sie muß in harter Arbeit vorbereitet werden. Die raffinierten Wortspiele, die einem Kabarettisten wie mit Leichtigkeit im Unterhaltungston hervorsprudeln, sind schließlich keine Stegreifimprovisationen. Ihre ungekünstelte Natürlichkeit resultiert aus der großen Kunst dieses Mannes, seine Filigranitätssätze genau vorzubereiten und sie dann so vorzutragen, daß man ihnen die dahinterstehende Arbeit nicht auf den ersten Blick anmerkt.
Was jedem Kabarettisten recht ist, sollte einem Prediger billig sein, auch wenn es ihn teuren Schweiß kostet. Vielleicht müßten die Pfarrer intensiver Seiltänzer, Kabarettisten, Schlagersänger oder Radiosprecher gründlich studieren und von ihnen beobachten, wie man einer Menschenmenge etwas vorträgt. Dann würden sie mit ihrer hölzernen Art nicht so schnell auf den Felgen laufen, wenn sie laufend predigen müssen.
Die obengenannten Personen wirken deshalb so ungezwungen, natürlich und menschlich, weil sie jede Silbe, jede Betonung, jede Lautstärke, jede kleine Geste vorher geprobt haben. Wenn das Publikum von der investierten

Arbeit nichts merkt, sondern den Eindruck hat, der Mann produziere gerade spielerisch mit unverbildeter Natürlichkeit, dann ist der Mann ein wahrer Künstler.
Und auch die Predigt ist ein Kunstwerk, sie sollte es zumindest sein. In diesem Sinne ist fromme Pfuscharbeit, die alles dem Heiligen Geist, der der Blöden Tröster heißt, überläßt, entartete Kunst. Es ist eine Beleidigung des Heiligen Geistes, ihm die Arbeit zu überlassen, die man selber zu tun hätte, und dann von ihm zu erwarten, daß er unsere Faulheit deckt. Die Sünde gegen den Heiligen Geist wird, so heißt es im Neuen Testament, nicht vergeben. Das Vertrauen auf seine Hilfe kann die sorgfältige eigene Arbeit nicht ersetzen, sondern erst ermöglichen. Nur unter dieser Voraussetzung wird die Predigtvorbereitung möglich.

Gewaltiger Zorn »erwecket«

Unter Predigtvorbereitung verstehe ich nun einen umfassenden Prozeß. Da die Predigt nur einen Teil – wenn auch einen sehr wesentlichen – des Gottesdienstes darstellt, muß seinen übrigen Teilen ebenfalls größte Aufmerksamkeit gewidmet werden.
Nun gibt es für den Pfarrer sogenannte Agenden, das sind Bücher, in denen alles drinsteht, was man zu machen hat. Eine sehr praktische Einrichtung. Es genügt, zwei Minuten vor Gottesdienstbeginn das Buchzeichen in die Seite des betreffenden Sonntags reinzulegen, und dann braucht man nur alles abzulesen, z.B. »Lasset uns beten«, und dann auch das Eingangsgebet wie z.B. am ersten Advent:
»O Herr Christe, erwecke deine Gewalt und komm: auf daß wir von den Gefahren, die uns von unseren Sünden drohen, durch deinen Schutz errettet und durch deine Erlösung selig werden. Der du mit dem Vater und dem heiligen Geist lebest und regierest von Ewigkeit zu Ewigkeit.«
Wenn ich als Gottesdienstbesucher in der Kirche sitze

und ein Pfarrer sagt »Lasset«, dann bin ich bereits bedient. Und wenn es dann weitergeht mit solchen Wunderlichkeiten wie »erwecke deine Gewalt« (versucht mal, euch darunter etwas vorzustellen!), dann wird in mir ein ganz gewaltiger Zorn erwecket, weil diese Sprache gestelzt, unnatürlich, veraltet, oft sogar lächerlich und grammatikalisch falsch, mit einem Wort: ein unmögliches Deutsch ist.

Ich spreche diese Sprache nicht, sie ist mir fremd, ich habe mich bis heute nicht an sie gewöhnen können und will das auch nicht anwenden, wenn der Fall umgedreht ist und ich mich im Talar zur Gemeinde umdrehe. Ich bringe dieses »es stehet«, »lebet«, »ewiglich« einfach nicht über die Lippen, ebensowenig wie die lateinischen Endungen bei »Jesum Christum«. Ich habe Latein gelernt, aber die Gemeinde doch nicht, und ich sehe nicht ein, warum man nicht »Jesus Christus« sagen soll. Mit anderen Worten: Ich springe, zum Schrecken der Liturgiker sei es mitgeteilt, mit der Agende großzügig um, indem ich sie in ein normales Deutsch bringe.

Das bin ich erstens meiner Verantwortung der deutschen Sprache gegenüber, zweitens meiner Gemeinde schuldig. Ich beuge mich nicht der Tyrannei einiger angeblicher Ästheten, die in Wirklichkeit das gesunde Sprachgefühl verloren haben und das liturgische Sprechen der Unverständlichkeit oder sogar Lächerlichkeit ausliefern. Für die Art von Witzen ist mir der Gottesdienst zu schade, und es schadet gewiß nichts, wenn die Pfarrer sich endlich dazu entschließen könnten, mit dem gedankenlosen Nachplappern solcher Ungewöhnlichkeiten Schluß zu machen.

Es ist eine Katastrophe, daß die sogenannte »Kirche des Wortes« ihre Wortverkündiger zwingt, mit einem veralteten Werkzeug zu arbeiten. Kein Betrieb schickt seine Arbeiter mit dem Werkzeug der Großväter in die Produktion, nur die Kirche verlangt von ihren Mitarbeitern die Benutzung unbrauchbarer Mittel.

Frommes Abrakadabra

Das bezieht sich übrigens auch auf das Deutsch der Lutherbibel. Von keinem Menschen der Welt lasse ich mich zwingen, einen Bibeltext mit veralteten, unverständlichen oder nach den gültigen Regeln der Grammatik falschen Ausdrücken und Konstruktionen vorzulesen. Ich muß ihn also vorher durcharbeiten und frage mich dabei immer wieder, ob es an der Bequemlichkeit, der Weltfremdheit oder dem Untertanengeist der Pfarrer liegt, wenn sie keine Hemmungen haben, einen Bibelvers wie den folgenden aus Lukas 18, 34 vorzulesen. Dort heißt es von den Jüngern: »Sie aber verstanden der keines.« Zu dieser Verballhornung der deutschen Sprache, auf die jeder Schuljunge mit Recht eine Fünf bekäme, kann man nur mit der Fortsetzung dieses Bibelverses sagen: »Und die Rede war ihnen verborgen, und wußten nicht was das Gesagte war.«

Ich will aber, daß jeder weiß, was das Gesagte ist, also muß ich es so sagen, daß es verstanden werden kann. Das gilt auch im Falle des Eingangsgebetes. Damit das nicht zum frommen Abrakadabra degradiert wird, muß ich es in den meisten Fällen neu formulieren. Das ist natürlich alles zeitraubender, als die Agende aufzuklappen und runterzulesen oder zu singen, was da eine gelehrte Kommission aus dem Erbe der Väter destilliert hat.

Wichtige Kleinigkeiten

Nebenbei bemerkt betätige ich mich im Gottesdienst grundsätzlich nicht als Solosänger. Abgesehen davon, daß mir dafür die Ausbildung fehlt und ich Dilettantismus verabscheue, sehe ich nicht ein, warum ich plötzlich singen soll, wenn ich die Gemeinde begrüße. Ich pflege sonst, wenn ich jemandem guten Tag sage, gesprochene Prosa zu verwenden, folglich wird der Begrüßungssatz »Friede sei mit euch« von mir gesprochen.

Gewiß, das alles sind Kleinigkeiten, aber aus ihnen setzt

sich der Gottesdienst zusammen, und gerade für die Kleinigkeiten brauche ich oft Stunden der Vorbereitung. Vor allem die Abkündigungen, die so oft in liebloser Weise absolviert werden, und den Dank und die Bitte für die Kollekte überlege ich mir ganz genau. Ich würde mich vor mir selbst schämen, wenn ich die Kollektenbitte mit dem stereotypen Satz »einen fröhlichen Geber hat Gott lieb« abschließen würde. Wenn ich diesen Satz höre, gebe ich grundsätzlich nie etwas in die Kollekte, weil mich das Anhören solcher Klischees traurig macht, während es doch irgendwo in der Bibel heißt, Gott habe einen fröhlichen Geber lieb.

Lieber mache ich es da so, daß ich einen passenden Witz erzähle oder zumindest den Kollektenzweck so humorvoll darstelle, daß die Leute auch mal etwas zu lachen haben. Das öffnet Herz und Brieftasche. Es geht ohnehin ernst genug in der Kirche zu.

Wie bei einer Geburt

Für mich wird die Herstellung einer Predigt jedesmal zu einem Abenteuer. Es ist wie bei einer Geburt – vorher weiß man nicht, was am Ende dabei herauskommt. Der Kampf um die passende Formulierung ist tagelange Qual, eine süße Qual übrigens, aber eine notwendige.

Denn die Notsituation der Predigt kann nur, was das Handwerkliche betrifft (nur das steht hier zur Debatte), durch qualitätsvolle Arbeit gewendet werden, und ohne sorgfältige Arbeit am Detail und ohne Zeitaufwand ist keine Qualität zu erreichen.

Mangelnde Qualität und Mittelmäßigkeit sind der Tod der Predigt, und ohne anders zu sein als üblich, hat kein Pfarrer die Chance, sich heute für seine Botschaft Gehör zu verschaffen. Deshalb ist meine Devise: Andersartigkeit um jeden Preis, denn auch für die Predigt der Kirche gilt, was Irvin in Berlin in bezug auf das Musical gesagt hat: »Man muß nicht um jeden Preis anders sein. Wenn man gut ist, ist man ohnehin anders.«